핵심 대표기도문

핵심 대표기도문

· 초판 1쇄 발행 2005년 12월 20일
· 초판 4쇄 발행 2015년 10월 25일

· 지은이 박판규
· 펴낸이 민상기 · 편집장 이숙희 · 펴낸곳 도서출판 드림북
· 등록번호 제 65 호 · 등록일자 2002. 11. 25.
· 경기도 의정부시 가능1동 639-2(1층) · Tel (02)2272-9090, Fax(031)829-7723

· 책번호 07
· 잘못된 책은 교환해 드립니다.
· 이 출판물은 저작권법에 의해 보호를 받는 저작물이므로 무단 복제할 수 없습니다.
· 독자의 의견을 기다립니다.
· E-mail : saehan21@hanmail.net

영혼을 생동케 하며 응답받는 예배 대표기도

핵심 대표기도문

박 판 규 지음

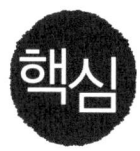

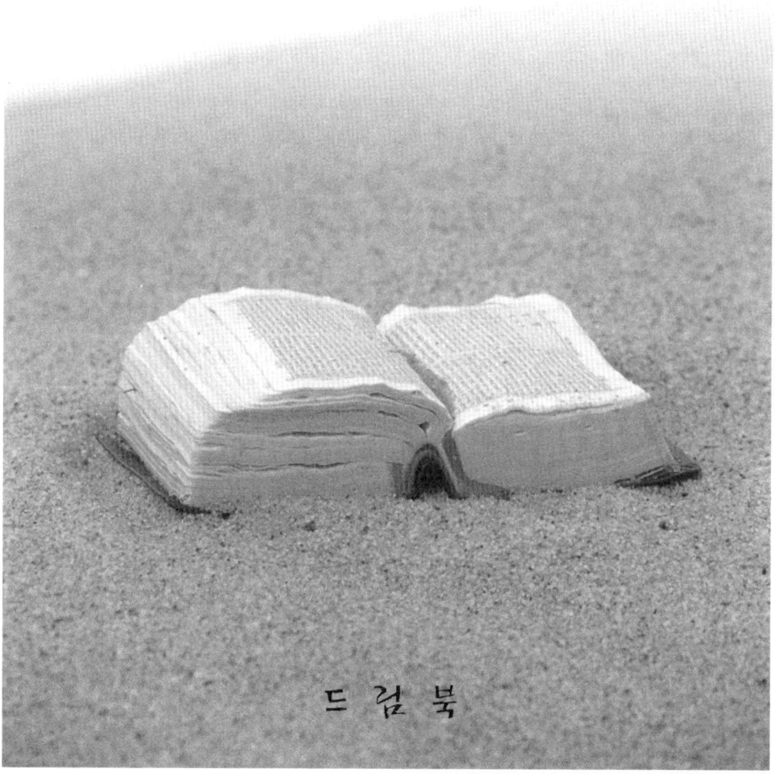

드 림 북

머리말

"구하라 주실 것이다 찾아라 얻을 것이다 문을 두드려라 열릴 것이니라"

이 말씀은 성경 중에서 우리 주님이 주신 가장 확실한 기도 명령이요 응답의 약속이다.

전능하시고 신실하신 주 하나님 앞에 기도하는 것은 우리 그리스도인들의 가장 큰 특권이며 복된 의무이다. 우리가 성령 안에서 믿음으로 기도하면 우리 주 하나님께서 응답해 주신다. 기도 응답에는 즉시 응답(Yes), 기다려 응답(Wait), 무응답(No)이 있다.

선지자 사무엘은 "내가 기도를 쉬는 죄를 범하지 않겠다"고 했다. 세기의 대설교가요 전도자인 죠지 휫필드는 하루 8시간씩 기도함으로서 능력 있는 불의 사자가 되었다. 그리고 종교 개혁자 마틴 루터는 "내가 하루 두 시간 기도하지 않는 날은 내가 마귀 발 밑에 짓밟힌다"고 고백했다.

하나님은 우리의 믿음과 기도만큼 일하시고 은혜 주신다.

특별히 새벽 기도는 하루의 시작을 주님과 만나는 신앙생활의 가장 보배로운 황금시간이요 영적 충전과 또한 영육 건강의 보약이 되는 인생 최고의 신선하고 복된 시간이다.

기도는 우리가 주 하나님 앞에 단순히 무엇을 비는 것이 아니고, 우리 그리스도인의 생명이요 영성 함양의 기본이다. 성경적인 기도 순서는 찬양감사, 죄의 고백 회개, 간구, 도고(중보), 종결(주 예수 그리스도의 이름으로 기도함)이다.

기도는 영의 호흡이며 찬송이다.

기도는 우리 주님을 향한 사랑의 속삭임이요 신앙고백이다. 기도는 말씀, 찬송, 봉헌과 함께 예배의 4대요소이며 주 하나님을 만나는 통로이다. 기도는 주님과의 대화요 주님의 뜻을 깨닫는 길이다. 우리의 기도는 하나님과의 대화이므로 어린 아들이 그 아버지께 말하듯이 자신의 뜻을 성령님이 인도한 대로 솔직 간결하게 아뢰이면 된다.

기도는 은혜 받는 3대 방편의 하나요 모든 인생문제 해결의 만능키이다.

기도는 믿음을 강하게 하고 영성을 높이는 도구이다.

기도는 우리를 그리스도의 심장으로 만드는 녹로이다.

기도는 역사의 수레바퀴를 바꾸는 핸들이다.

기도는 고난을 극복하고 사탄을 물리쳐 이기는 승리의 무기이다.

기도는 천국 보물 창고 문을 여는 황금 열쇠이다.

기도는 무디어진 심령을 소성시키고 하늘의 불을 받는 도구이다.

기도는 하나님의 자녀가 하늘에 계신 아버지께 필요를 구하고 받아 누리는 절차이다.

기도는 은혜를 사모하는 성도의 영적 삶이요 감동이며 간증이다.

기도는 회개의 영을 부르고 구원의 길로 인도한다.

기도는 영권을 강화하고 마음상처 치유의 양약이다.

기도는 설교를 은혜롭고 힘 있게 하는 영적 에너지이다.

기도는 심령의 정화와 교회 부흥의 동력이다.

실로 영성인에게 있어서 기도만큼 필요하고 귀하고 좋은 것은 없다.

성경인물과 인류 역사상 주 하나님 앞에 귀하게 쓰임 받고 위대한 업적을 남긴 사람들은 모두 큰 비전과 열정을 가진 기도의 사람들이었다.

저자는 이 책을 읽으시는 독자 여러분이 살아 계신 주 하나님을 만나시며 순간마다 주님과 교제함으로써 영성회복과 성령 충만으로 영적 승리 얻기를 소망한다. 그리고 이 기도문들은 단순한 문장이 아니고 천편일률적인 진부한 종교적 주문형식을 탈피한 살아계신 주 하나님께 올라가는 향이니 독자의 심령 속에 은혜의 생수가 넘쳐 흘려 영감이 생동하고 심령이 새로워지는 영적 파동이 일어나기를 기대한다.

끝으로 이 책이 나오도록 기도해 준 사랑하는 내 아내 조얍실과 자녀들 그리고 나에게 이 책의 출판 동기를 불어 넣어주시고 책을 출판해 주신 도서출판 드림북의 민상기 사장님께 깊은 감사를 드린다.

주 하나님을 사랑하며 영광 돌린다. 마라나다!

박 판 규

차 례

머리말 • 4

1. 주일 낮 예배 대표 기도문
주일 낮 예배 기도(1) • 14
주일 낮 예배 기도(2) • 17

2. 주일 찬양예배 대표기도문
주일 찬양 예배 기도(1) • 22
주일 찬양 예배 기도(2) • 24

3. 수요 예배 대표 기도문
수요 예배 기도(1) • 28
수요 예배 기도(2) • 30

4. 새벽 기도회 대표 기도문
새벽 기도회 기도(1) • 34
새벽 기도회 기도(2) • 36

5. 금요 철야 기도회 대표 기도문
  금요 철야 기도회 기도(1) • 40
  금요 철야 기도회 기도(2) • 42

6. 절기 예배 대표 기도문
  신년 주일 기도 • 46
  3.1절 기념 주일 기도 • 49
  종려주일(고난주일) 기도 • 52
  학습 세례식 기도 • 54
  부활주일 기도 • 56
  어린이 주일 기도 • 58
  어버이 주일 기도 • 60
  성령 강림 주일 기도 • 62
  맥추 감사 주일 기도 • 64
  광복절 기념 주일 기도 • 66
  추수 감사 주일 기도 • 68
  종교 개혁 주일 기도 • 70
  대강절 기도 • 72
  성탄절 기도 • 74
  송년 주일 기도 • 76
  성경 주일 기도 • 78

7. 헌신 예배 대표 기도문
  제직회 헌신 예배 기도 • 82
  여전도회 헌신 예배 기도 • 84
  남전도회 헌신 예배 기도 • 86

찬양대 헌신 예배 기도 • 88
청년 대학부 헌신 예배 기도 • 90
중,고등부 헌신 예배 기도 • 92
주일학교 교사 헌신예배 기도 • 94
교회 선교부 헌신 예배 기도 • 96
구역장회 헌신예배 기도 • 98

8. 특별 예배 대표 기도문
교회 설립 주일 예배 기도 • 102
총전도 주일 예배 기도 • 104
성찬식 예배 기도 • 106
선교사 파송 예배기도 • 108
심령 부흥 성회 기도 • 110
구역 예배 기도 • 112
예배당 기공 예배 기도 • 114
주일 예배 헌금 기도 • 116
여름성경학교 기도 • 118
전교인 수련회 기도 • 120
전교인 야외 예배 기도 • 122
군부대 위문 기도 • 124
재소자를 위한 기도 • 126
식사 기도 • 128

9. 예식 기도문
장로, 안수집사, 권사 임직 예배 기도 • 132
약혼식 기도 • 134

결혼식 기도 • 136
첫돌 감사 예배기도 • 138
회갑 및 칠순예배 기도 • 140
입관예배 기도 • 142
발인 예배 기도 • 144
하관 예배 기도 • 146
추모 예배 기도 • 148

10. 심방 기도문

출산 가정을 위한 기도 • 152
생일 기도 • 154
입학생을 위한 기도 • 156
졸업생을 위한 기도 • 158
취업한 성도를 위한 기도 • 160
승진한 성도를 위한 기도 • 162
새집 입주 예배 기도 • 164
이사한 가정을 위한 기도 • 166
개업하는 형제를 위한 기도 • 168
사업 실패한 성도를 위한 기도 • 170
시험 당한 형제를 위한 기도 • 172
질병으로 고통하는 형제를 위한 기도 • 174
건강회복으로 퇴원하는 형제를 위한 기도 • 176

11. 개인 기도문

새해 아침 기도 • 180
목회자의 기도 • 182

교만을 회개하는 기도 • 184
믿음 충만을 위한 기도 • 186
가정의 기도 • 188
가정 예배 기도 • 190
신앙 타락 후 반항하는 자녀를 위한 기도 • 192
치유 축사 기도 • 194
사랑의 기도 • 197
아침 기상시 하루를 시작하는 기도 • 198
하루 일과를 마친 후 취침 전 기도 • 200

12. 간절히 사무치는 사랑의 한 마디 기도문

군 입대하는 아들을 위한 한 마디 기도 • 204
이제 갓 혼인한 신혼부부를 위한 한 마디 기도 • 204
주일 예배를 위한 한 마디 기도 • 204
신학교에 입학하는 청년을 위한 한 마디 기도 • 204
국가 민족을 위한 한 마디 기도 • 205
국회의원에 당선된 장로님을 위한 한 마디 기도 • 205
회개 기도와 찬양을 간구하는 한 마디 기도 • 205
빨래하는 여인을 보면서 한 마디 기도 • 206
성령의 임재를 구하는 한 마디 기도 • 206
밥을 지을 때의 한 마디 기도 • 206
영육강건을 위한 한 마디 기도 • 206
대 소변을 보면서 한 마디 기도 • 207
교통사고로 한쪽 다리를 잃은 교우를 위한 한 마디 기도 • 207
기쁨과 평화를 간구하는 한 마디 기도 • 207
기도 응답을 구하는 한 마디 기도 • 207

그리스도 신앙의 낙심자를 위한 한 마디 기도 • 208
남편을 여읜 30대 여자를 위한 한 마디 기도 • 208
아내를 여읜 40대 남자를 위한 한 마디 기도 • 208
임종을 앞둔 어머니 앞에서 한 마디 기도 • 208
말기 암으로 신음하는 친구를 위한 한 마디 기도 • 209
일곱 살의 외아들을 잃은 홀어머니를 위한 한 마디 기도 • 209

일년 열 두달 월별 기도 • 210

 **주일 낮 예배 대표기도문**

너희가 기도할 때에 무엇이든지 믿고 구하는 것은
다 받으리라 하시니라
마태복음 21:22

주일 낮 예배기도(1)

"나의 힘이 되신 여호와여 내가 주님을 사랑합니다." 아멘!

우리의 소망이요 생명 되시는 주 하나님 아버지
주님 앞에 감사와 찬양과 영광을 돌립니다.

독생자 예수 그리스도를 통하여 우리를 죄와 저주와 사망에서 구원하사 천국의 영원한 생명을 주신 주님 은혜 감사합니다.
주님! 오늘 거룩하고 복된 주님의 날에 우리 교회 모든 형제자매 한 자리에 모여 기쁨으로 예배하며 살아계신 주 하나님을 만나 뵙고 하늘의 신령한 만나와 생수를 먹고 마시게 됨을 주님 감사합니다.

거룩하신 주 하나님!
주님 앞에서 저희들의 심령을 살펴보면 세상 욕심과 교만과 거짓으로 얼룩진 허물 뿐이요 미움과 소외감과 열등감의 상처투성이 입니다. 주님 저희의 믿음 없음과 불순종의 죄를 용서하시고 십자가 보혈로 씻어 주시며 자비와 긍휼의 손으로 어루만져 주옵소서.

때를 따라 각양 은혜를 베푸시는 아버지!
우리에게 더욱 뜨거운 믿음과 열심을 주시며 높은 영성과 그리스도의 마음으로 채워 주옵소서.

하나님 아버지. 맹물 같은 우리 인생이 포도주 같이 달고 향기로운 인생으로 바뀌는 가나 혼인집의 기적을 체험하게 하옵소서. 또한 영육 건강과 주님을 섬기고 선한 일을 할 수 있는 지혜와 물질을 주시기 원합니다.

능력의 주님!
세상은 험하고 때가 악합니다. 우리가 말씀과 기도와 찬양으로 하나님의 전신갑주를 입고 세상과 정욕과 악령 사탄을 능히 물리쳐 이기도록 도와주옵소서.

존귀하신 주님!
우리들이 그리스도의 제자로서 사랑으로 서로 섬기고 나가서 하나님을 모르는 백성들을 구원하길 원합니다. 우리 교회가 믿음으로 하나 되어 구원의 방주가 되고 세상의 소금과 빛의 사명을 잘 감당하며 날마다 새롭게 부흥하고 다시 오실 주님을 만날 기대에 가슴 설레는 소망으로 가득 채워 주옵소서.

이 시간 복음을 선포하시는 목사님을 사랑하시고 갑절의 영감과 영력을 더 해 주심으로 그 말씀 안에서 우리들이 주님의 음성을 듣고 회개하며 새롭게 변화되고 우리의 영육이 치유되고 강건케 되길 원합니다.

사랑과 화평의 왕이신 주님!
우리의 영이 주님의 사랑과 기쁨과 평안으로 가득 차고 우리 온 교회가 주님의 은혜와 권능으로 충만하게 하옵소서.

사랑의 주님
우리들이 복음의 능력으로 세상을 아름답게 바꿀 수 있는 비전을 품게 하옵소서.
우리 교회 교역자님들과 전 제직들과 온 교우님들의 하는 일마다 성령 안에서 열매 풍성하고 승리하게 도와주실 줄 믿습니다.

은혜의 주 하나님
오늘 우리의 예배가 성령과 기쁨의 축제로서 온 교회 안에 주 하나님의 영광으로 충만케 하심을 감사 하옵고

평화의 주 예수 그리스도의 이름으로 기도드립니다. 아멘!

주일 낮 예배 기도(2)

"하나님께 가까이 함이 네게 복이라" 아멘!

하늘에 계신 우리 주 하나님 아버지
주님의 거룩한 성호를 찬양합니다.

천지 만물을 창조하신 주님!
허물과 죄로 죽은 우리 인류를 구하시려고 하늘 영광 보좌를 내 놓으시고 이 낮고 천한 땅에 오심을 감사 찬양합니다. 주님께서 십자가에 피 흘려 죽으시고 부활하심으로 우리가 믿음을 통하여 속죄 구원 얻고 천국 영생하게 하심을 주어 감사합니다.

사랑하는 주 하나님 우리 아버지!
우리가 주 안에서 엿새 동안 열심히 일하고 오늘 거룩하고 복된 주님의 날에 주님의 몸된 교회의 사랑 공동체에 함께 모여 신령과 진정으로 예배하며 은혜 받게 됨을 주어 감사 찬송합니다.

자비로우신 주님!
우리들이 육신에 이끌려 주님 뜻을 따르지 못하고 세상을 본받아 내 욕심과 내 고집대로 살아 왔음을 고백합니다. 주님 앞에 회개 하오니 주의 사랑으로 용서하시고 보혈로 정결케 만들어 주옵소서.

교회를 사랑하시는 주님!

우리 ○○교회가 성령충만한 가운데 온 교우들이 주 안에서 서로 돕고 사랑하며 영혼구원과 천국 건설에 총력을 기울이므로 날로 부흥 성장케 하옵소서.

평강의 주님.

우리 교우님들 가정마다 직장과 사업과 자녀들이 영육간 복을 받고 형통하게 하옵소서.

인류 역사를 주관하시는 주 하나님!

우리나라와 우리 민족을 불쌍히 여기사 위정자들이 위로는 하나님을 경외하고 공법을 지키며 애국애족하게 하옵소서

공의의 하나님!

각계각층에 뿌리 깊은 부정 부패 불법을 척결하여 주옵소서. 백성들은 우상을 버리고 주 하나님을 사랑하며 국법 질서를 준수하고 각자의 일에 충실하게 하옵소서.

그리하여 온 나라 정치 경제 교육 문화 사회 전반에 개혁과 민주화로 일등 민족 모범국가를 이루게 하옵소서!

만군의 주 하나님. 예배 때 마다 주님께 아름답고 신령한 노래를 바치는 우리 찬양대를 사랑하시고 복주심을 믿습니다.

오늘도 주님의 말씀을 선포하시는 주님의 사자 목사님께 큰 능력과 영권을 내려 주시고 온 성도가 말씀을 영으로 아멘으로 받아 성령의 열매 전도열매를 풍성히 맺으며 세상에서 승리하게 도와주실 줄 믿습니다.

주님 혹시라도 저희들이 말씀보다 성령보다 기도보다 앞서지 않게 하옵소서. 또한 어두움의 영, 미혹의 영이 예배를 방해하지 못하게 성령님이 주관해 주시길 간구하옵고

교회의 머리되신 주 예수 그리스도 이름으로 기도드립니다. 아멘

기도는

기도는 은혜 받는 3대 방편의 하나요 모든 인생문제 해결의 만능키이다.
기도는 믿음을 강하게 하고 영성을 높이는 도구이다.
기도는 우리를 그리스도의 심장으로 만드는 녹로이다.
기도는 역사의 수레바퀴를 바꾸는 핸들이다.
기도는 고난을 극복하고 사탄을 물리쳐 이기는 승리의 무기이다.
기도는 천국 보물 창고 문을 여는 황금 열쇠이다.
기도는 무디어진 심령을 소성시키고 하늘의 불을 받는 도구이다.
기도는 하나님의 자녀가 하늘에 계신 아버지께 필요를 구하고
　　　받아 누리는 절차이다.
기도는 은혜를 사모하는 성도의 영적 삶이요 감동이며 간증이다.
기도는 회개의 영을 부르고 구원의 길로 인도한다.
기도는 영권을 강화하고 마음상처 치유의 양약이다.
기도는 설교를 은혜롭고 힘 있게 하는 영적 에너지이다.
기도는 심령의 정화와 교회 부흥의 동력이다

그러므로 내가 너희에게 말하노니 무엇이든지 기도하고 구하는 것은
받은 줄로 믿어라 그리하면 너희에게 그대로 되리라
마가복음 11:24

주일 찬양 예배 기도(1)

"너는 내게 부르짖어라 내가 네게 응답하겠고
네가 알지 못하는 크고 비밀한 일을 네게 보이리라" 아멘!

하늘에 계신 주 하나님. 우리 아버지 주님의 높으신 성호를 찬양합니다.

본질상 진노의 자녀였던 우리를 긍휼히 여기사 독생자 예수 그리스도를 이 땅에 보내 주시고 우리들이 오직 주님의 십자가와 부활의 복음을 믿음으로 속죄 구원얻고 하나님의 자녀되게 해 주심을 감사 찬양합니다.

자비로우신 주님!
저희들이 마음으로 지은 죄와 입술로 범한 죄와 몸으로 지은 죄를 주님의 보혈로 정결케 해 주옵소서. 우리가 깨끗한 심령으로 주님을 뵈옵게 하옵소서.

신실하신 주님!
우리 앞에 시온의 대로를 열어 주시고 그리스도의 장성한 분량에 이르도록 우리의 믿음이 계속 성장하며 열매 풍성하고 지경이 넓혀지게 도와주시길 원합니다.

은혜의 주 하나님!

우리 성도들이 가정마다 임마누엘 하나님이 함께 하심으로 순종의 믿음과 영성과 기도 속에 마라의 쓴 물이 단물로 변화되는 기적을 우리의 삶 속에서 체험하게 하옵소서.

사랑의 주님!

우리 교회가 초대교회처럼 성령 충만 사랑 충만한 가운데 믿음의 반석 위에 든든히 서가는 힘 있고 아름다운 교회가 되길 원합니다.

이 시간 주님의 사자 목사님을 통하여 말씀 주실 때에 레마로 임하사 아멘 아멘하며 저희 심령들이 기름진 꼴로 시원한 생수로 만족함을 얻고 살찌고 강건하며 예뻐지게 하옵소서.

이 모든 간구를 들으신 줄 믿고 감사하오며

우리의 생명이신 주 예수 그리스도의 이름으로 기도 드립니다.
아멘!

주일 찬양 예배 기도(2)

"주님의 말씀은 내 발에 등이요 내 길에 빛이십니다" 할렐루야!

존귀하신 주님! 우리 아버지 주의 성호를 찬양합니다.

주여! 우리에게 천지만물과 천국영생을 주시고 주님의 교회를 세우사 주 앞에 경배와 찬양을 드리며 은혜 받게 하심을 감사 찬송합니다.

사랑의 주님!
이 시간 우리에게 회개의 영을 부어 주옵소서. 우리가 입술로는 주여 주여 하면서도 마음과 생각은 주님 뜻을 거스르고 육신의 생각 따라 자행자지했음을 깨달아 눈물로 통회하게 하옵소서.

우리가 주님을 찬양할 때에 마음속에 모든 근심 걱정 염려 불안 사라지고 주님의 평강과 천국소망과 사랑과 희락이 강물처럼 넘쳐나게 하옵소서.
주여. 우리들이 구원의 기쁨 속에 영으로 노래할 때 우리 앞에 모든 두려움 고난의 홍해가 갈라지고 반석에서 생수가 터져 나와 우리의 목마름이 해갈됨을 주님 감사합니다.

자비로우신 주여!

이 시간 목사님을 통하여 주시는 말씀으로 우리 육의 자아가 깨지고 다시 한번 새로워지길 원합니다. 주님! 우리가 교회 안에서 또한 세상에서 복음의 빛을 발하며 선한 영향력을 널리 나타내고 하나님 나라 확장에 쓰임 받게 하옵소서.

은혜의 주님!

이 한 주간도 우리 모두 가정과 교회와 직장과 사회에서 예수 열매 성령의 열매 전도 열매를 풍성하게 맺을 수 있기를 원하오며

사랑의 주 예수 그리스도의 이름으로 기도드립니다. 아멘!

기도는

기도는 영의 호흡이며 찬송이다.
기도는 우리 주님을 향한 사랑의 속삭임이요 신앙고백이다. 기도는 말씀, 찬송, 봉헌과 함께 예배의 4대요소이며 주 하나님을 만나는 통로이다. 기도는 주님과의 대화요 주님의 뜻을 깨닫는 길이다. 우리의 기도는 하나님과의 대화이므로 어린 아들이 그 아버지께 말하듯이 자신의 뜻을 성령님이 인도한 대로 솔직 간결하게 아뢰이면 된다

 **수요 예배 대표기도문**

너희가 내 이름으로 무엇을 구하든지 내가 시행하리니
이는 아버지로 하여금 아들을 인하여 영광을 얻으시게 하려 함이니라
요한복음 14:13

수요 예배 기도(1)

"너희가 내 이름으로 무엇을 구하든지 내가 시행하리니
이는 아버지로 하여금 아들을 인하여 영광을 얻으시게 하려 함이니라" 아멘

은혜가 풍성하신 주 하나님 우리 아버지
주님의 귀한 성호를 높이 찬양합니다.

사랑의 주 성령님!
이 험한 세상에서 지난 3일 동안 저희들을 눈동자처럼 지켜 보호하시고 이 시간 은혜를 사모하는 마음으로 우리를 주님 앞에 인도해 주심을 감사 찬송합니다.

자비로우신 주님!
우리가 그 동안도 주님을 멀리하고 육신의 소욕대로 살아온 죄를 회개하오니 주님의 보혈로 깨끗케 만들어 주옵소서.

오늘 이 귀한 수요예배 시간에 주님 앞에서 찬양과 기도와 말씀을 통하여 영적으로 무디어진 우리 심령이 다시 한번 잠을 깨고 새로워지길 원합니다.

복의 근원이신 하나님!

거친 세파에 시달려 메마르고 강퍅해진 우리 심령위에 성령의 단비를 흡족하게 내려 주옵소서. 기름진 만나로 풍성하게 공급해 주옵소서. 은혜의 생수로 시원함을 얻게 하옵소서.

그리하여 우리가 말씀과 기도로 무장하고 강건한 믿음으로 세상과 정욕과 사탄을 능히 이기고 주님의 십자가 사랑과 부활의 천국 복음을 천하 만민에게 전하기를 원합니다.

사랑의 주님!

하나님의 사자 목사님을 통하여 늘 복된 생명의 말씀 주시니 감사합니다. 우리 모두 주님 말씀을 아멘으로 받고 믿음의 부요와 영적 풍성함을 누리며 주 하나님 우리 아버지께 큰 영광 돌리길 원하옵고

우리의 승리 되시는 주 예수 그리스도의 이름으로 기도 드립니다. 아멘!

수요 예배 기도(2)

"여호와는 나의 목자시니 내가 부족함이 없으리로다" 할렐루야

평강의 주 하나님 아버지!
주 예수 그리스도의 십자가와 부활의 능력으로 우리를 구원하시고 지켜 주시니 감사와 찬양을 드립니다.
엄청난 쓰나미 지진 해일의 강타로 인하여 삽시간에 벌어진 남아시아에서 수십만 명의 인명피해와 수백만 명의 이재민의 참상을 보면서 충격을 금할 수 없습니다.
이는 분명코 하나님을 거역하고 우상숭배와 음란과 패역과 무도한 죄악을 일삼는 교만한 우리 인류의 영적 각성과 회개를 촉구하시는 하나님의 심판과 경고가 아니겠습니까? 하오나 온 지구촌이 하나되어 거기에 사랑과 위로를 보냄이 아름답습니다.

주 하나님! 주 예수님! 주 성령님!
참으로 인생은 안개요 먼지요 바람이요 허무한 것임을 통감하면서 주님나라 소망을 새롭게 가다듬게 됩니다.

만물의 찌꺼기 같은 이 미천한 것이 기도 하옵기는 육신의 생각과 세상 탐욕에 젖어 오염되고 무디어진 우리의 심령을 말씀과 성령으로 다시 한번 깨우쳐 새롭게 만들어 주옵소서.

장차 주님 앞에 서서 우리의 지난날을 돌아볼 때 한점 부끄럼 없고 후회함 없는 삶이 되도록 성령님 진리의 빛으로 인도해 주옵소서.

　자비로우신 아버지 하나님!
　이 땅에 가난과 폭력과 전쟁과 재난이 없는 주님의 평화와 안식과 사랑과 풍요의 나라가 이루어지게 하옵소서.

　우리의 기도를 들으시는 주 하나님!
　오늘 우리의 찬양과 기도와 말씀을 통하여 홀로 영광 받으시길 원하오며

　평화의 왕 우리 주 예수 그리스도의 이름으로 기도드립니다.
　아멘!

기도는

기도는 하나님과 인간 사이에 존재하는 대화의 통로이다.
기도를 통해 내 마음을 말씀드리고, 기도를 통해 주님의 말슴을 듣는다.

"너희가 내 이름으로 무엇을 구하든지 내가 시행하리니 이는 아버지로 하여금 아들을 인하여 영광을 얻으시게 하려 함이라 내 이름으로 무엇이든지 내게 구하면 내가 시행하리라" - 살전 5:17

 **새벽기도회 대표기도문**

시험에 들지 않게 깨어 있어 기도하라
마태복음 26:41상

새벽 기도회기도(1)

"시험에 들지 않게 깨어 있어 기도하라"

나의 힘이 되신 주 하나님!
주님의 거룩한 성호를 찬양하며 감사드립니다.

사랑의 주님!
저희들이 새벽을 깨워 기도할 수 있도록 믿음과 건강의 은혜 주심을 감사합니다.

주님의 십자가 보혈로 우리를 정결케 하시고 머리 숙인 온 교우님들에게 성령으로 기름 부어 주옵소서.

오늘 아침 새 만나로 주신 말씀을 통하여 우리 영이 소성하고 더욱 예수님 닮아가게 하옵소서. 주님의 말씀은 내 발에 등이요 내 길에 빛이십니다.
주님의 말씀은 내 영의 양식이요 내 몸에 양약입니다.
날마다 새로운 주님의 은혜 감사합니다.

평강의 주 하나님!
오늘도 저희들이 주님의 제자로서 세상의 소금과 빛의 사명을 다하고 그리스도의 증인으로서 하나님 나라를 세상에 힘차게 전하도록 도와주옵소서.

구원의 주 하나님!
우리가 믿음으로 하나님의 전신갑주를 입고 사탄을 격파하며 언제나 어디서나 사랑과 감사와 겸손으로 옷 입고 주님의 영광을 나타내길 원합니다.

생명의 주님!
오늘도 우리 교회 목사님을 비롯하여 온 교우들 가정과 직장과 사업을 지켜 주옵소서. 우리 한국교회와 우리나라와 민족의 안전과 발전을 지켜 인도해 주시길 원하옵고

우리의 피난처 되시는 주 예수 그리스도의 이름으로 기도 드립니다. 아멘!

새벽 기도회(2)

"새벽에 하나님이 도우시리로다" 할렐루야

어두움을 물리치고 세상을 밝히시는 주 하나님!
아버지의 이름으로 찬양하며 영광 돌립니다.

지난밤도 우리를 주님의 품속에 편히 쉬게 하시고 하루의 첫 시간을 주님 앞에 인도하셔서 찬양과 기도와 말씀의 은혜로 새 출발하게 하심을 주여 감사합니다.

복의 근원되시는 하나님!
우리의 허물과 죄를 십자가 보혈로 씻으시고 우리의 연약함을 도와 주옵소서.
이 아침 하늘의 만나와 진리의 생수로 만족함을 얻고 영적 충전을 받아 오늘도 승리를 향해 힘차게 진군하겠습니다.

사랑의 주 하나님!
오늘도 성령 안에서 이 눈은 주님만 바라보고 이 귀는 주님의 음성만 듣게 하옵소서.
그리고 이 입으로 십자가 사랑만 전하고 이 손은 주님이 기뻐하시는 선한 일만 행하게 하옵소서.

능력의 주님!
오늘 우리에게 맡겨주신 사명과 책임에 최선을 다하고 사람들 앞에 부끄럽지 않게 우리의 언행 심사를 지켜 주셔서 성령의 열매 전도 열매로 주님 영광 나타내길 원합니다.

나의 길이요 진리요 생명 되시는
주 예수 그리스도의 이름으로 기도드립니다. 아멘!

기도는

그리스도인의 특권이다.
피조물인 인간이 창조주이신 하나님과 언제든지 원할 때마다 어디에서든지 자기의 언어로 대화를 나누며, 원하는 것을 응답 받을 수 있다는 것은 참으로 커다란 특권이다. 주어진 특권을 행사하지 않는다면 어리석은 자다 - 이재철, 『새신자반』, 홍성사

너는 내게 부르짖어라 내가 네게 응답하겠고
네가 알지 못하는 크고 비밀한 일을 네게 보이리라
예레미야 33:3

금요철야 기도회 기도(1)

"두려워 말라 내가 너와 함께 함이니라
놀라지 말라 나는 네 하나님이 됨이니라
내가 너를 굳세게 하리라 참으로 너를 도와주리라 아멘." 할렐루야

우리의 힘이시요 소망과 구원이 되시는 주 하나님
주님의 높고 거룩하신 이름을 찬양합니다.

은혜의 주님!
속임수의 명수였던 간사한 야곱이 환도 뼈가 위골이 되도록 천사와 씨름하여 주님 앞에 승리자 복된 이스라엘로 변화된 것처럼 죄로 오염된 우리를 이 시간 성령불로 변화시켜 주옵소서.

평강의 주 하나님!
우리들이 이 밤의 간구와 회개를 통하여 사랑하는 주님의 모습을 뵈옵는 브니엘의 새 아침을 맞이하게 하옵소서.

능력의 주님!
이 밤 우리 목사님을 비롯하여 온 교우님들의 기도를 응답해 주시고 모두 성령 충만 받게 하옵소서.

가정마다 직장마다 사업장 마다 만사형통하며 우리 교회가 지역사회와 온 나라 온 세계에 주님의 빛을 발하게 하옵소서.

주 하나님!
어서 속히 남북 평화통일과 민족 복음화로 하나님 나라가 확장되기 원하옵고

우리 주 예수 그리스도의 이름으로 기도드립니다. 아멘!

금요철야 기도회 기도(2)

"하늘에 계신 우리 아버지
주님의 이름은 거룩하고 아름답습니다. 할렐루야!"

허물과 죄로 죽었던 우리를
주 예수 그리스도의 십자가 보혈로 구속하시고
부활의 새 생명 주심을 감사 찬송합니다.

천지간에 헤아릴 수 없이 큰 주님의 사랑과
은혜를 받고도 교만하여 늘 말씀 거역하고
제 고집대로 제 욕심대로 살아 온 우리들이
눈물로 회개하오니 주님 용서하여 주옵소서.

때를 따라 우리의 기도를 응답하시며
영육의 필요를 채워 주시는 주 하나님!
오늘 철야 기도회의 찬양과 기도와 친교와
목사님을 통하여 주시는 말씀으로
우리 모두 구원의 확신과 기쁨 속에
은혜 충만 영육강건하며 하나님께 영광 돌립니다.

사랑의 주 하나님!
이 밤도 골방에서 교회당에서 산에서 일터에서
부르짖는 주님 백성들의 간구를 들으시옵소서.

능력의 주님!
이 말세에 우리에게 영력과 영권을 칠배나 더 해 주시고
나가서 이 어두운 세상을 복음의 빛으로 밝히며 바꾸게 하옵소서.

우리의 기도에 응답해 주시는 주님께 감사하옵고

교회의 머리 되시는 주 예수 그리스도의 이름으로 기도드립니다.
아멘!

기도는

"또 기도할 때에 이방인과 같이 중언부언하지 말라 저희는 말을 많이 하여야 들으실 줄 생각하느니라 그러므로 저희를 본받지 말라 구하기 전에 너희에게 있어야 할 것을 하나님 너희 아버지께서 아시느니라" - 마 6:7-8

하나님은 우리가 구하는 것을 이미 다 알고 계십니다.

절기 예배 대표기도문

아무 것도 염려하지 말고 오직 모든 일에 기도와 간구로 너희 구할 것을
감사함으로 하나님께 아뢰라 그리하면 모든 지각에 뛰어난
하나님의 평강이 그리스도 예수 안에서 너희 마음과 생각을 지키시리라
빌립보서 4:6-7

신년 주일 기도

"소망의 하나님이 모든 기쁨과 평강을 믿음 안에서 너희에게 충만케 하사
성령의 능력으로 너희 소망이 넘치기를 원하노라 아멘!"

희망의 원천이 되시는 주님!
예수 그리스도 안에서 우리를 죄와 사망에서 구원하시고
천국 소망 중에 오늘 여기까지 인도해 주신
주님의 이름을 찬양하며 영광 돌립니다.

천지를 창조하시고 해와 달과 별들을 운행하시며
일년 춘하추동 모든 생물들의 생명과 호흡을 주장하시고
인류 역사를 다스리시는 살아계신 하나님.
주님의 이름이 온 땅에 아름답고
주님의 영광은 하늘 위에 빛납니다.

또한 우리를 주님의 귀한 자녀로 삼으시고
영육 간에 만 가지 은혜와 복주심을 감사합니다.
우리들이 받은 은혜를 깨닫지 못하고
자칫 교만과 방탕과 죄짓는 기회로 삼지 않게
새해에는 더욱 겸손과 순종으로 깨어 기도하며
주님 주신 사명에 충성하길 다짐합니다.

은혜의 주 하나님!
지난 일년의 발자취를 돌아보면
주님 앞에 불충하였고 사람들 앞에도
부끄러운 생활임을 고백합니다.
이 악하고 게으른 종이 강한 자아와 육신의 생각에 얽매어서
주 성령님을 거스르고 형제의 마음에 아픈 상처를 남기며
세상에서 주님의 이름을 더럽히고
욕되게 하였음을 눈물로 회개합니다.

사랑의 주 아버지!
오늘 새해 아침에 지난날의 모든 부끄러운 삶을 청산하고
복음에 합당한 사람이 되길 원하오니
주여 성령의 능력을 내려 주옵소서.

권능의 주 하나님!
금년 새해에는 우리가 하나님 중심 말씀 중심 교회중심 신앙으로
성령 충만하고 속사람이 강건하며 충성된 청지기로서
예수 열매 성령의 열매 전도 열매를
풍성하게 맺기를 원합니다.

은혜의 주 하나님!
새해에는 우리 온 교회가 우리 목사님을 중심으로
형제 자매 모두 믿음과 사랑으로 하나 되어
하나님의 전신갑주를 입고

복음 전도와 선교와 구제에 총력을 기울여
교회가 성장 부흥하고 하나님의 나라가
크게 확장되게 하옵소서.

주여!
새해에 우리나라는 철통안보와 정치 경제 교육 문화 사회 전반에
불법과 부정부패가 사라지고 개혁과 민주화와
눈부신 발전이 있게 하옵소서.
우리 손으로 동서화합, 노사협력, 평화통일, 민족 복음화를
달성하고 인류평화에 이바지 하길 원합니다.

평강의 주 하나님!
우리 민족이 새 시대의 하나님의 선민으로서
세계 복음화와 번영에 헌신할 수 있게 하옵소서.

구원의 주 예수 그리스도의 이름으로 기도드립니다. 아멘!

3.1절 기념 주일 예배 기도

인류 역사의 주인이신 하나님!
우리 민족의 5천년간 흥망성쇠를 다스리시고
분단 중에도 우리 대한민국을 은혜 중에
여기까지 보호 인도해 주심을 감사 찬송합니다.

오늘은 우리 대한민국이 일본의 무력침략 합병 수탈과
잔인무도한 만행과 억압에 항거하여
자주 독립 쟁취를 위해 맨손으로 항거한
자발적 자유의거의 3.1운동을 기념하는 날입니다.

아! 그날 태극기 흔들며
대한 독립 만세를 목이 터져라 외치던
민족의 함성이 지축을 흔들었습니다.
그날에
맹수보다 더 무자비한 일본군의 총칼에 죽은
600명 우리 순국선열과 피 흘리며 쓰러져 간 1400명 부상자와
투옥된 일 만여 명과 나라 빼앗긴 약소민족의 통한을 안고
땅을 치며 통곡하는 2천만 동포의 통분은

내 조국 삼천리강토를 피눈물로 적셨습니다.

우리의 생명과 호흡을 주장하시고
인류 역사를 주관하시는 살아계신 하나님!
이스라엘 민족을 바벨론 포로에서 해방 구원해 주신 그 능력으로
마침내 일제 36년 식민지배의 굴레와 사슬에서
구원해 주심을 감사합니다.

만군의 주 여호와 하나님!
바라옵기는 애국선열들의 피로 지켜온 우리나라와 민족이
어리석은 우상숭배와 주 하나님을 노엽게 하는 죄악으로
다시는 심판과 멸망을 자초하지 않게 하옵소서.

오늘 우리 한국교회가 회개하고
온 민족이 주 여호와를 자기 하나님으로 삼고
예수 그리스도를 구주로 믿으며
우리가 서로 믿고 서로 돕고 사랑함으로써
주안에서 구원의 은혜와 영생을 맛보며
참된 자유와 풍요를 누리게 하옵소서.

평화의 왕 주 하나님!
우리 민족이 뼈아프고 수치스러운 과거의
우상숭배와 동족상쟁의 무지와 죄악을
다시는 되풀이 하지 않게 하옵소서

예수 그리스도의 복음의 능력으로 우리 앞을 가로막는
모든 장애물과 사탄을 물리치고
홍해가 갈라지는 인생역전의 기적과
민족복음화와 조국 평화통일과
세계 일등국가로의 꿈의 대업을
속히 이루게 하옵소서.

인류역사를 다스리시는
주 예수 그리스도의 이름으로 기도드립니다.
아멘!

종려주일(고난주일) 기도

"수고하고 무거운 짐진 자들아 다 내게로 오라
내가 너희를 쉬게 하리라" 할렐루야.

평강과 위로의 주 하나님!
높고 거룩한 주님의 이름을 찬양합니다.

오늘은 주 예수 그리스도께서 인류를 죄와 사망에서
구원하시고자 골고다 십자가 고난의 죽음을 향하여
예루살렘에 입성하신 종려주일입니다.
그날 군중들은 평화와 승리를 상징하는
종려나무 가지를 손에 손에 들고 흔들며
'호산나 다윗의 자손 나의 왕이여'를 부르고
예수님을 메시아로 높여 환호성을 올렸습니다.

자비로우신 주 하나님!
그런데 우리는 벌레 같은 우리를 위해
피 흘려 죽으신 주님의 은혜를 망각하고
불순종하며 교만과 거짓과 이기심으로
또 다시 주님을 못 박는 죄를 범합니다.

주 성령님!
오늘 우리의 못된 자아와 간악한 육신의 생각들과
우리의 마음으로 입술로 몸으로 지은 모든 죄를
다 십자가에 못 박고
부활의 새 생명 성령의 사람으로 변화시켜 주옵소서.

은혜의 주 하나님!
이 고난 주간에 우리가 믿음으로 금식하고
눈물로 회개할 때 우리 속에 있는
모든 사악한 것과 질병과 어두움의 영은 다 나가고
아픈 상처는 깨끗이 치료되며
우리 마음에 주님의 은혜와 평강과 기쁨의
영성으로 충만하게 채워 주옵소서.

이 시간 우리 모두의 머리 위에 성령의 기름 부어 주심을 바라옵고

주 예수 그리스도의 이름으로 기도드립니다. 아멘!

학습, 세례식 기도

하늘에 계신 우리 하나님 아버지!
존귀와 영광과 찬양을 주님께 드립니다.

허물과 죄로 죽은 우리들이 주 하나님의 은혜로
예수 그리스도의 십자가와 부활의 복음을 믿고
속죄 구원 얻어 천국 영생하게 하심을 감사 찬송합니다.

생명의 주 하나님!
본래 하나님을 모르고 자신도 몰랐던 우리가
성령님의 인도로 주님의 교회에 나와서
하나님의 말씀인 성경을 배우고
죄를 회개하며 예수 그리스도를 나의 구주로 믿고
마음에 주님으로 받아들이며
입술로 나의 하나님이라 고백합니다.
이제 우리가 죄와 저주와 사망에서 해방되어
구원 얻고 성령으로 거듭난 하나님의 자녀로
새 생명을 누리게 하심을 주여 감사합니다.

사랑의 주 하나님!
이제 본 교회의 세례 교인이 되었사오니
진정한 그리스도인으로서 예배 의무, 기도 의무, 봉사의무,
전도의무, 헌금의무를 다 할 수 있는 믿음을 주옵소서.

주 안에서 말씀 순종하고 늘 깨어 기도하며
힘써 충성 봉사 헌신하며 성령 충만 사랑 충만 받고
하나님의 나라를 위해 온 세계를 위해
우리 교회에 꼭 필요한 일꾼 되기를 원합니다.

만군의 주 여호와 하나님!
우리 자신의 정욕과 세상 권세와 악령 사탄과의
영적 싸움에서 믿음으로 승리하게 도와주옵소서.

능력의 주 예수 그리스도의 이름으로 기도드립니다.
아멘!

부활 주일 기도

"천사가 여자들에게 일러 가로되 너희는 무서워 말라 십자가에 못 박히신
예수를 너희가 찾는 줄을 내가 아노라 그가 여기 계시지 않고
그의 말씀하시던대로 살아나셨느니라 와서 그의 누우셨던 곳을 보라"

우리의 생명과 부활의 주 하나님!
십자가와 부활의 능력으로 사망권세를 이기신 주 예수님
우리를 죄와 사망에서 해방하시고
구원하여 새 생명 주심을 감사 찬송합니다.

은혜의 하나님!
누구든지 부활의 주님을 만난 사람은
성령 안에서 하나님의 자녀가 되고 새 사람으로
변화 받으며 복음들고 나가서 세상을 고치고
바꿀 수 있는 능력 주심을 감사합니다.

때로 우리들이 육신의 생각과 세상에 이끌려
부활 능력을 상실한 불신에 빠짐을 용서하옵소서.

소망의 주 하나님!
오늘 우리들이 주님을 향한 창조신앙과 구속신앙과

부활신앙과 재림신앙으로 한 알의 밀알처럼 썩어서
30배 60배 100배 부활의 열매를 맺게 하옵소서.

능력의 주님!
오늘 우리가 부활신앙으로 말씀 충만 성령 충만 사랑 충만하여
예수 농도 100퍼센트의 영성인으로서
십자가와 부활의 신실한 증인되길 원합니다.

또한 우리들이 부활의 신앙과 성령의 능력으로
아버지 하나님 앞에 책망 받지 않는 성결하고
복음에 합당한 생활하도록 도와주옵소서.

나의 힘이 되신 사랑의 주 하나님!
우리들이 늘 깨어 주님 오심을 준비하며
항상 기뻐하고 쉬지 말고 기도하며
범사에 감사 찬양함으로
영적 승리자가 되길 원하옵고

곧 다시 오실 주 예수 그리스도의 이름으로 기도드립니다. 아멘!

어린이 주일 기도

"가라사대 진실로 너희에게 이르노니 너희가 돌이켜
어린 아이들과 같이 되지 아니하면 결단코 천국에 들어가지 못하리라"

가정을 만드시고 어린이들을 선물로 주신 하나님!
그 은혜를 감사 찬송합니다.

사랑의 주님!
우리들의 가정에 어린 자녀는 금보다 귀하고
꽃보다 아름답고 사랑스럽습니다.
참으로 어린 아이들은 가정의 보배요
교회의 새 소명이며 나라의 새싹이며
새 시대의 주인들입니다.

평강의 주 하나님!
오늘 어린이 주일에 우리가 자녀들을
자기의 소유물로 여겨 욕심 부리지 말고
주님이 우리 가정에 위탁으로 맡겨주신
보배임을 깨달아 오직 주님의 교양과 훈계로
바르게 양육하도록 성령님 인도해 주옵소서.

사람이 어린아이처럼 마음이 순수하고 진실해야
천국에 들어갈 수 있다고 주님 말씀하였사오니
오늘 우리 어른들이 먼저 깊이 회개하고
어린아이 같이 순수 정결한 심령으로 변화 받아
어린이들의 맑고 깨끗한 그 눈동자 속에서
우리 자신들의 잃어버린 동심을 되찾게 하옵소서.

어린이들을 사랑으로 안고 축복하신 주 예수님!
저 깨끗한 어린이들의 영혼이 오염되지 않고
주 안에서 종려나무처럼 곧게 감람나무처럼 건실하게 자라도록
주님 지켜 보호해 주옵소서.

우리의 자녀들이 주 하나님을 위하여
교회와 나라와 인류를 위하여
귀하고 아름답게 쓰임 받는 일꾼 되기를 원합니다.

어린이들을 좋아하시고 사랑하시는
우리 주 예수 그리스도의 이름으로 기도드립니다. 아멘!

어버이 주일 기도

"네 부모를 공경하라 그리하면 네가 복을 받고 장수하리라 아멘" 할렐루야!

하늘에 계신 우리들의 주님!
거룩하고 아름다운 주님의 성호를 찬양합니다.

주 하나님께서 우리 가정을 이루어 주시고
우리 부모님을 통하여 우리를 세상에 태어나게 하시고
사랑과 정성으로 길러 주시며 가르쳐 주심으로
오늘 우리가 여기 있어 주 하나님을 섬기며
천국 소망 중에 살게 해 주신
주님의 은혜를 감사 찬송합니다.

거룩하신 주 하나님!
우리가 부모 공경하고 효도하는 것이
인륜의 첫째 계명임을 배워서 알면서도
하늘보다 높은 부모님 은혜를 깨닫지 못해
완악하고 교만하여 제 자식만 귀한 줄 알고
불효막심했음을 눈물로 회개하오니 용서해 주옵소서.

은혜로우신 주 하나님!
부모님이 세상에 계실 날이 오래지 않음을 깨달아
후회함이 없게 아버님 어머님 살아생전에
사랑과 정성 다해 섬김으로 효도할 것을
오늘 어버이 주일에 주님 앞에서 다짐합니다.
또한 연로하신 어르신들께도 존경으로 예의를 다하겠습니다.

기쁨의 주 하나님!
주님의 은혜아래 부모님의 사랑과 부부화목 형제우애로
우리 가정은 기쁨의 찬송과 감사의 기도와 사랑의 웃음이
넘치는 천국의 모형이 되게 하옵소서.

사랑의 주 하나님!
자녀된 우리에게 우리 부모님의 교훈과 기도와 삶의 지혜는
우리 인생의 교과서요 진주보다 귀한 재산입니다.
부모님의 남은 생애에 주님의 은혜와 평강의 복을
더 해 주심으로 천국에 입성하실 그날까지
하나님의 영광을 나타내도록 주여 도와주옵소서.

평강의 주 예수 그리스도의 이름으로 기도드립니다. 아멘!

성령 강림 주일 기도

"또 누구든지 말로 인자를 거역하면 사하심을 얻되 누구든지 말로
성령을 거역하면 이 세상과 오는 세상에도 사하심을 얻지 못하리라"

거룩하신 주 하나님! 사랑의 주 예수님! 은혜의 주 성령님!
우리를 하나님의 형상대로 지으시고 또한 우리를
죄와 사망에서 구속해 주심을 감사 찬양합니다.

자비로우신 주 예수님!
우리를 구원하시기 위하여 십자가에 피 흘려 죽으시고
3일 만에 부활하시며 승천하셨다가 오순절날
성령으로 이 땅에 강림하사 주님의 교회를 세워 주심을
진심으로 감사 찬송합니다.

오늘 우리가 하나님의 말씀을 거역하고 육신의 소욕 따라
내 고집대로 교만하고 사악하게 살아온 삶을
눈물로 회개하오니 주님 용서해 주옵소서.

주 성령님!
오늘 이곳에 불같이 뜨겁고 바람같이 강하게 임하사
차지도 덥지도 않고 뜨뜻미지근한 우리 심령을

깨워 소성시켜 새롭게 변화시켜 주옵소서.
우리가 믿음 소망 사랑으로 사나 죽으나 무엇을 하든지
오직 주님만 의지하고 주님 뜻대로 살기 원합니다.

은혜의 주 하나님!
우리 가운데 성령님이 맺어주시는 사랑과 희락과
화평과 오래 참음과 자비와 선행과 충성과 온유와
절제의 열매가 풍성하게 하시고 또한 우리가
주님의 교회를 잘 섬기도록 여러 가지 성령의 은사와
성령 충만과 큰 능력을 부어 주옵소서.

사랑의 주 하나님!
우리들이 교회 안에서 주님의 지체로서 서로 사랑으로
친교 협동하며 나가서 세상의 소금과 빛으로써
주 예수 그리스도의 십자가와 부활의 증인으로
충성 헌신하며 하나님의 영광을 나타내고
널리 천국이 건설 확장되길 원합니다.

능력과 자비가 풍성하신 주님!
이 시간 우리 모두의 머리 위에 위로의 성령으로
기름 부어 주시길 바라오며

생명의 주 예수 그리스도의 이름으로 기도드립니다. 아멘!

맥추 감사 주일 기도

만복의 근원되신 하나님!
주 예수 그리스도를 통하여 우리를 죄와 사망에서
구원해 주시고 성령님 이 땅에 강림하셔서
주님의 교회를 세워 주심을 감사 찬양합니다.

생명의 주님!
우리들이 미거하여 하나님의 말씀을 불순종하고
세상 욕심을 따라 내 고집과 내 주장대로
살아온 이 완악하고 교만한 죄를 회개하오니
주님의 은혜의 보혈로 사하여 주옵소서.

우리의 소망과 도움이 되시는 주 하나님!
오늘은 우리 농부들이 땀 흘려 가꾼
모든 여름 농작물을 거두어들이고 나서
우리 모두 함께 하나님 앞에 나아와
우리에게 기름진 땅과 햇빛과 비와 이슬과
바람을 통하여 일용할 양식과 모든 쓸 것을
풍성하게 주신 주님의 은혜에 감사드리는
맥추 감사 주일입니다.

은혜의 주 하나님!
때를 따라 우리의 영육간 모든 필요를 채워 주시고
우리들이 사랑과 기쁨과 평강 가운데
천국 소망을 붙잡고 살게 하심을 감사합니다.
이제부터 우리가 주님의 이름으로 선교와 구제와
선행에 더 많이 헌신하며 하나님의 나라와
주님의 교회를 위하여 충성 다하게 도와주옵소서.

권능의 주 하나님!
오늘 우리 각 자의 믿음의 나무에 예수 열매 성령 열매
전도 열매를 30배 60배 100배로 맺어서
그 첫 열매를 주님 앞에 기쁨으로 드리기 원합니다.
오늘 믿음으로 맥추감사 예물을 주님께 바치는
모든 성도들에게 하늘 문을 여시고 천국의 신령한
은혜와 건강과 직장 사업과 자손과
땅의 복을 넘치도록 부어 주옵소서.

사랑과 자비가 풍성하신
주 예수 그리스도의 이름으로 기도드립니다. 아멘!

광복절 기념 주일 기도

"여호와를 자기 하나님으로 삼은 나라 백성은 복이 있도다 아멘!"

만군의 주 하나님!
예수 그리스도 안에서 우리와 우리 민족을 구원해 주시고
오늘까지 지켜 보호해 주심을 감사 찬양합니다.

자유의 나무는 피를 먹고 자란다고 했습니다
나라 빼앗긴 설움과 울분 속에 우리의 애국지사들이
일제와 투쟁하며 독립운동 하다가
조국 삼천리강토에 피 뿌리며 꽃잎처럼 숨져 갔습니다.
인류 역사를 주관하시는 살아계신 주 하나님께서
마침내 1945년 8월 15일 우리 대한 민족을
저 잔인무도한 일제의 36년간 식민지배와
폭압과 학정의 사슬에서 해방시켜
잃었던 자유와 우리나라 주권을 되찾은
오늘은 감격의 광복절 기념주일 입니다. 할렐루야!

우리의 소망과 빛이신 주 하나님!
해방 이후 오늘까지 하나님의 섭리 속에
우리 국민들이 독재 권력과 부정부패 불법 부조리와 싸워

정치 경제 교육 문화 사회 전반에 상당한 개혁과 민주화와
발전을 이룩한 것은
오직 주님의 은혜요 도우심인 줄 믿고 감사합니다.

평강의 주 하나님!
하오나 겨우 가난을 벗어난 경제선상에서 자만과 나태로
도덕 불감증 속에 변질되고 썩어져 가는 우리 기성세대들의
사치 허영 방탕과 무분별한 모방으로 빠르게
오염되고 타락해 가는 우리의 청소년들과 구조적인
사회악이 날로 심화되는 것이 심히 안타깝고 슬픕니다.
그리고 특별히 우리 한국교회의 영적 퇴폐와 세속화와
무사명과 수적 재정적 비만으로 인한 영적 중풍병과
영적 영양 결핍으로 인한 빈혈증의 심각성을 생각할 때
주님의 징계와 심판이 두렵습니다.

자비로우신 주 하나님!
우리 한국교회 지도자가 먼저 경성하고 온 성도들이
떨쳐 일어나서 그리스도의 십자가와 부활의 복음 깃발을 들고
민족적 회개운동과 정직운동과 성결운동으로 사랑과 화합 속에
민족 복음화와 남북 평화 통일을 이루고 세계 선교의
사명에 헌신하게 하옵소서. 주여 이 땅에 복음의
빛 비추어 성령불로 이 땅을 고쳐 주시고
하나님의 나라가 임하게 하옵소서.

평화의 왕 예수 그리스도의 이름으로 기도드립니다. 아멘!

추수 감사 기도

"눈물을 흘리며 씨를 뿌리는 자는 기쁨으로 거두리로다. 할렐루야!"

천지 만물을 창조하시고 다스리시는 주 하나님 우리 아버지!
죄와 허물로 죽은 우리를 주 예수 그리스도의 십자가 보혈로
구속하시고 부활의 새 생명 주심을 감사 찬양합니다.

우리에게 햇빛과 바람을 주시고 이른 비와 늦은 비를
내려 주신 주님. 금년에는 우리들이 오곡백과를 풍성히
거두게 하시며 영육의 건강을 지켜 주시고
가정과 직장 사업과 교회와 나라와 민족과
우리의 의식주에 넘치는 복을 주시니 주여 감사합니다.

은혜의 주 하나님!
우리의 죄를 용서하시고 자비를 베풀어 주옵소서.
우리의 이기심과 편협함으로 인하여 우리 사회에
빈부격차가 심화되고 노사 갈등이 증폭되며
여야 대립이 극단화되어 감은 심히 부끄럽고
안타깝습니다. 교회 안에서 조차 육신에 끌려
아집과 오만으로 인한 증오와 편당과 분열이
빈번한 것을 볼 때 주님 앞에 심히 두렵습니다.

오늘 우리 모두가 회개하고 주 안에서 사랑과 용서와
섬김으로 서로 화합하여 손을 마주 잡고
기쁨도 슬픔도 함께 나누며 감사 천국을 이루게 하옵소서.

평강의 주 하나님!
심은 대로 거두게 하시는 주님 앞에서
믿음으로 우리들이 많이 심고 풍성히 거두길 원합니다.
주여 우리가 악을 심어 죄를 거두지 않게 하옵소서.
우리는 오직 의를 심고 평강을 거두며 선을 심고 복을 거두며
성령을 위해 심고 영생을 거두기를 원합니다.

능력의 주 하나님!
받은 은혜 감사하며 기쁜 예물 드리는 성도들에게 복을 주시고
이 땅에 주님의 사랑과 평화와 번영으로 충만한
그리스도 안에 성령의 계절이 임하게 하옵소서
우리 시대에 남북통일과 민족 복음화와 세계 평화와
기독교 문화가 꽃피어 주님의 나라가 이루어지게 하옵소서.

사랑의 주 예수 그리스도의 이름으로 감사드립니다. 아멘!

종교 개혁 주일 기도

"너희는 이 세대를 본받지 말고 마음을 새롭게 하라" 아멘!

거룩하신 주 하나님 우리 아버지!
비진리와 죄에 얽매여 늘 부패하고 넘어지는
우리 마음과 교회와 세상을 하나님 말씀인 성경을 통하여
새롭게 변화시키는 주님 은혜에 감사 찬양합니다.

빛과 소망의 주 하나님!
오늘은 중세기 부패한 교회의 절대적 교권과
불법 집단화되고 독재적 지배 권력화된 교회라는 이름의
영적 흑암의 사탄왕국과 맞서서
성령의 불덩어리인 개혁자들이 오직 그리스도 복음의
깃발 들고 싸워 이긴 종교개혁 기념주일입니다.

주후 1517년 10월 31일 그날에 청년 마르틴 루터가
교회개혁을 표방하고 교황청을 향하여 던진
면죄부의 부당성 등 95개항의 복음 격문이 폭탄 되어
한 개의 날계란으로 태산 같은 교권의 바위를
깨뜨리는 기적을 이루었습니다.
주여 그러나 그것은 기적이라기보다는

살아계신 부활의 주 예수 그리스도의 활화산 같은
생명의 복음의 폭발력이 이룬 승리였음을 믿습니다.

영광의 주 하나님!
종교개혁의 원리인 성경의 절대권위, 이신득구, 만인제사장론과
개혁의 기치인 오직 성경, 오직 은혜, 오직 하나님 영광 등
만고불변의 메시지가 요원의 불길처럼 온 유럽과
세계에 번져서 교회들과 세상을 뒤집어 놓은
개혁의 영적 동력이 되게 하신 주님께 감사드립니다.

소망의 주 하나님!
오늘날 많은 교회들이 성령을 멀리한 종교 집단화가 되고
물량주의와 상업주의와 인본주의 우상화로 인하여
빠르게 전염병처럼 부패 속화되어 가고 있습니다.
주여 지금 우리가 회개하고 경성하여 개혁의 횃불 들고
성경 말씀대로 살자! 초대교회로 돌아가자! 성령으로 행하자!
새 표어 아래 먼저 제 자신부터 변화되길 원합니다.
주여! 우리가 말씀보다 성령보다 기도보다 앞서지 말고
우리 모두 예수님 닮은 영성이 향상되게 도와 주옵시고
우리가 그리스도의 피 묻은 복음 들고 어두움의 권세아래
썩어가는 세상에 사랑과 공의가 지배하는 하나님의 나라가
확장을 이루게 하옵소서.

교회의 머리되신 주 예수 그리스도의 이름으로 기도드립니다.
아멘!

대강절 기도

"아들을 낳으리니 이름을 예수라 하라" 아멘!

거룩하신 주 하나님 우리 아버지!
우리 온 교회가 크리스마스 전 4주간을 우리 구주
예수 그리스도의 성육신과 탄생을 준비하며 기쁨으로
축하드리는 대강절을 맞이하여 주님께 찬양합니다.

우리의 길이요 진리요 생명이신 주님!
온 세상의 사탄 마귀 권세와 죄와 사망을 물리치신
의의 태양되신 주께서 고통과 질병과 저주아래
신음하는 심령들에게 새 생명을 주시고 평강과
소망과 구원영생을 주시려고 이 땅에 오신
주님을 기쁨으로 감사찬송합니다.

영원한 사랑과 정의의 빛이신 주 하나님!
우리는 믿는다고 하면서 입술로만 주여 주여하고
주님의 진리 말씀을 거역하고 육신의 생각대로 살아온 죄를
자복하며 눈물로 회개합니다.
이 시간 주님의 보혈로 나의 추악한 죄를 씻어주시고

모든 부정한 것을 성령의 불로 태우사
정결하게 만들어 주옵소서.

주여. 이 죄인이 사랑과 평강의 왕 나의 구주를
마음 속에 주님으로 모서들입니다. 주님 오서서
나를 지배하시고 다스려 주옵소서.
내 마음에 주님의 은혜와 사랑과 기쁨이 넘치게 하옵소서.
주여. 오늘 우리 온 교회가 주님의 평화와 구원의 복음의 빛을
온 세상에 비추에 이 땅에 그리스도의 계절이
꽃피고 천국이 이루어지길 원하옵고

우리의 구주 예수 그리스도의 이름으로 기도합니다. 아멘!

성탄절 기도

"온 백성에게 전할 큰 기쁨의 좋은 소식은
오늘날 다윗의 동리에 구주가 나셨으니 곧 그리스도 주시니라." 할렐루야!

우리의 생명과 빛이 되시는 주 하나님!
영이신 하나님이 인류를 구원하시려고 육신을 입어
사람 되시니 곧 우리 구주 예수 그리스도시요
그 안에 은혜와 진리와 사랑이 충만함을 찬양합니다.

사랑의 하나님!
죄와 사망의 사슬에 얽매어 고통 하는 우리를 위하여
하늘 영광의 보좌를 내 놓으시고 낮고 천한 땅
유대 베들레헴 말구유에 동정녀 마리아에게서
태어나신 만왕의 왕 주 예수님께 오늘 우리가
성탄 예물 바치며 감사 찬양으로 경배 드립니다.

임마누엘 하나님!
우리의 죄 때문에 주 예수님께서 온갖 멸시 천대
환난 핍박 받으시고 얼굴에 침 뱉음 당하시며
온 몸 채찍 맞아 피투성이로 골고다 십자가에
못 박혀 물과 피 다 쏟아 죽으셨습니다.

주 예수님 삼일 만에 무덤에서 부활하시고
하늘에 올라가셨다가 다시 성령으로
세상에 오신 주님을 믿고 감사 찬양합니다.

자비로우신 주님!
주 예수님이 우리를 위해 자기를 부인하시고
죽기까지 희생하셨는데 오늘 우리는 이기심과
교만과 탐욕과 형제를 미워함과 불순종으로 다시
주님을 못 박는 죄를 범하오니 주여 용서해 주옵소서.

평강의 주 하나님!
이 기쁘고 복된 크리스마스에
태양보다 뜨거운 그리스도의 빛과 사랑으로
슬픔이 있는 곳에 기쁨을, 속박이 있는 곳에 자유를,
미움이 있는 곳에 사랑을, 싸움이 있는 곳에 화평을,
가난이 있는 곳에 풍요를, 질병이 있는 곳에 치유를,
죄가 있는 곳에 용서를, 죽음이 있는 곳에 생명을
주실 줄 믿사옵고 감사하며

다시 오실 주 예수 그리스도의 이름으로 기도드립니다. 아멘!

송년 주일 기도

"모든 인간은 풀과 같고 그 영광은 들의 풀과 같아서
풀은 마르고 꽃은 떨어지나 주님의 말씀은 영원히 살아 있도다" 아멘!

은혜의 하나님!
금년 한해 열두 달 4계절 52주 365일을 주 안에서
우리의 생명과 건강을 지켜주시고 우리 가정들과
직장과 사업과 우리교회와 우리나라와 민족을
주님 은혜 중에 보호 인도해 주심을 감사 찬송합니다.

신년 주일이 엊그제 같은데 하나님의 해 수레바퀴
또 한번 돌고 돌아 벌써 송년주일입니다.
세월을 아껴라 때가 악하니라!
술 취하지 말고 오직 성령 충만을 받아라!
맡은 자는 충성하라고 주님 말씀하셨는데
오늘 주님 앞에 이 종의 금년 신앙생활 결산보고서는
목표미달 항목이 너무 많아서 불충불의 완악하고
교만한 종은 부끄럽고 황공할 뿐입니다.

자비로우신 주님!
새해 벽두에 주님 앞에 절대신앙 절대순종 절대헌신을 다짐하며

목표로 주일 성수, 매일성경읽기, 평생 새벽기도
십일조 봉헌, 열심전도, 겸손충성, 부모공경, 가정예배를
스스로 맹세하였으나 이행하지 못하고 아직도 끊을 것을
끊지 못한 채 또 한 해를 보내며 눈물로 회개하오니
주님 용서하여 주옵소서.

새해를 바라보면서 주님 앞에 다시 한번 결단하고
일편단심 순종 충성할 것을 굳게 다짐합니다.

소망의 주 하나님!
우리 교우들 머리 위에 성령의 기름 부으심으로
사랑의 위로와 격려로써 각자가 신앙과 인생의 새 비전과
도약을 꿈꾸게 하옵소서.
오늘도 단위에 세우신 주님의 사자를 통하여 주시는 말씀으로
우리들의 영혼이 정결 강건해지고 신앙 인격이 더욱
성숙해져서 주님께 찬양으로 영광돌리길 원합니다.

주 성령님!
다가오는 새해에는 우리 ○○ 교회가 은혜 중에
더욱 성장 부흥하고 교우들 가정마다 직장 사업마다
그리고 우리 한국교회와 국가 민족위에 주님의 은혜와
복이 넘치길 원하옵고

교회의 머리되신 주 예수 그리스도의 이름으로 기도드립니다.
아멘!

성경 주일 기도

"성경은 너로 하여금 예수 그리스도를 믿음으로써
구원을 얻는 지혜를 주느니라" 할렐루야!

전지전능하신 주 하나님!
아담 이후 죄와 허물로 죽은 우리는 천지만물의
창조주이시며 우리 생명의 주인이신 하나님을 모르고
무지와 어두움 속에 방황하여 인생의 목적도 없이
가야 할 방향도 모르고 짐승처럼 살아왔습니다.

은혜로우신 주 하나님!
주의 말씀은 내 발에 등이요 내 길에 빛입니다.
하나님 아버지의 최고 선물인 생명의 말씀 성경을
우리에게 주심을 감사 찬송합니다.
주 하나님께서 옛날에 선지자들을 통하여 말씀하시고
마지막 때에 아들 예수 그리스도를 통하여 우리에게
말씀하심을 감사합니다. 하나님의 은혜로 우리가
주 예수 그리스도를 믿고 속죄 구원 얻어 하나님의 자녀 되고
천국 영생하게 하심을 주여 감사합니다.

거룩하신 주님!
우리는 익히 하나님의 진리 말씀을 배워 알면서도
우리의 부패한 마음의 죄성과 교만 때문에 불순종하고
제 고집대로 살아왔음을 회개하오니 용서해 주옵소서.
하나님의 말씀은 살아있고 힘이 있어서
양쪽에 날선 어떤 칼보다 더 날카롭습니다.
말씀으로 우리 사람의 마음속에 품은 생각과 속셈을
드러나게 하시는 주 하나님. 우리 마음 속 숨은 죄까지
오늘 남김없이 자백하고 깨끗이 씻음 받아
주님 앞에 새 사람 되기 원합니다.

능력의 주 하나님!
우리들이 이 성경을 읽을 때마다 들을 때마다
묵상할 때마다 성경지식만 늘어나서
영적 교만에 빠지지 않게 하시고 성령의 빛을
비춰주심으로 말씀이 살아 움직여
영으로 레마로 생명으로 임하사 나의 영이 살고
자아가 깨지며 거짓과 교만과 탐욕과 영육간
모든 고질병이 성령불로 태워 깨끗이 고침 받기 원합니다.

생명의 주 하나님!
주 여호와 하나님을 경외하는 것이 지혜의 근본임을 믿습니다.
하나님의 말씀이므로 성경이 우리로 하여금
지혜와 명철을 깨닫게 하며
바르고 선하게 하며 의롭고 공평하게 하며

정직하고 겸손하게 함을 믿고 감사합니다.

복의 근원되신 주 하나님!
오늘 믿음으로 주님을 경외하고 사랑함으로
주님의 계명을 지켜 행하는 사람은
건강 장수하고 그 후대가 복을 받으며
그 집에 부요와 재물이 풍성할 줄로 믿습니다.

인간의 생사화복과 세계역사를 주관하시는 주 하나님!
하나님의 말씀은 우리의 생명이요 양식이요
힘이요 보물이요 무기요 구원의 뿔이요
소망이요 위로요 기쁨이요 양약입니다.
오늘 만국 성경 주일에 하나님의 생명의 말씀이
온 세계 인류를 살리고 이 땅에 하나님 나라를
건설 확장하게 하옵소서.

소망의 주 하나님! 부흥의 주 성령님!
성경 말씀인 복음이 들어가는 가정이 구원을 얻고
사회가 개화되며 국가가 번영하고
선진 민주화와 경제 부흥과 복지향상이
이루어지게 하심을 주여 감사합니다.
주님 우리나라와 우리 한국교회가 전 세계에
복음을 전할 선교사를 파송하는 특권을 주옵소서.

만왕의 왕 주 예수 그리스도의 이름으로 기도드립니다. 아멘!

"맡은 자에게 구할 것은 충성이니라"

제직회 헌신예배 기도문

"맡은 자에게 구할 것은 충성이니라" 아멘!

하늘에 계신 주 하나님!
독생자 예수 그리스도의 십자가와 부활을 통하여 우리를 죄와 사망에서 구원해 주신 은혜를 감사 찬송합니다.
어리석고 연약한 우리를 하나님의 자녀로 삼으시고 충성되이 여기사 주님의 교회에 천사도 흠모할 만한 하나님 나라의 거룩하고 막중한 직분 맡겨 주심을 주여 감사합니다.

자비로우신 하나님!
우리들이 입술로는 주여 주여 하면서도 불순종하고 자기 육신의 소욕대로 제 멋대로 행하며 주님 뜻을 거역한 불충불의하며 완악하고 교만한 죄를 눈물로 회개하오니 주님 불쌍히 여기사 용서해 주옵소서.

사랑의 주님!
오늘 저희 제직들이 주님 앞에 새롭게 헌신하며 충성을 다짐하고자 함께 모였습니다. 우리 중에 한 사람도 악하고 게으른 종이라는 주님의 책망을 받지 않게 하옵소서. 주 성령님 이곳에 임하시어 저희들

머리 머리 위에 기름 부어 주심으로 변하여 새 사람 되고 큰 능력과 은사를 받기 원합니다.

우리 모두 영혼구원과 천국 건설을 위해 구제 전도 선교 봉사와 교회부흥 발전에 충성된 일꾼이 되어 주님을 기쁘시게 하는 신실한 제자 일등 제직으로서 주님의 칭찬과 하늘 상급 받기를 원합니다.

선한 목자 되신 하나님!
우리 교회 양떼를 위하여 몸과 마음과 정성 다해 날마다 기도와 말씀과 축복으로 목회에 전념하시는 우리 목사님을 위로해 주시고 더욱 강건한 중에 사랑과 은혜와 성령으로 충만케 하여 주옵소서.

우리 모든 제직들이 주님께 하듯이 목사님을 사랑하고 순종하며 기쁨으로 섬기고 온 교회가 주 안에서 서로 사랑으로 하나 되어 교회 천국을 이루어 온 세상에 복음의 빛을 비추게 하옵소서 우리들이 지역사회의 복음화에 앞장 서 주님의 영광 나타내기를 원하옵고

우리의 목자장 되시는
주 예수 그리스도의 이름으로 기도드립니다. 아멘!

여 전도회 헌신 예배 기도

"너희가 기쁨으로 구원의 우물에서 물을 길으리로다" 할렐루야!

　은혜로우신 하나님!
　창세전에 그리스도 안에서 우리를 선택하시고 예정하사 우리들이 예수 그리스도를 통하여 속죄 구원 얻고 하나님의 자녀로 천국 영생 복락 누리게 해 주신 그 크신 은혜를 진심으로 감사 찬송합니다.

　거룩하신 주 하나님!
　이 벌레 같고 만물의 찌끼 같은 우리를 사랑하시고 어여삐 여기사 거룩하신 주님의 몸된 교회에 여전도 회원으로서 하나님의 나라를 위해 헌신봉사 할 수 있는 특권을 주신 주님께 존귀 영광 돌립니다.

　우리의 구원의 뿔이시요 반석 되신 하나님!
　우리가 어리석게도 주님의 사랑과 은혜를 망각하고 세상과 짝하여 주님이 주신 하나님 나라 귀한 사명을 감당치 못한 불충을 회개하오니 용서해 주옵소서.
　오늘 여전도회 헌신예배 시간에 우리 모든 회원들이 말씀과 기도와 찬양과 헌금을 통하여 살아계신 하나님을 만나게 하시고 큰 은혜와 성령 충만을 받게 하옵소서.

소망의 주 하나님!

우리가 먼저 믿음으로 남편 앞에 현숙한 아내로서, 자녀 앞에 지혜로운 어머니로서, 부모님 앞에 효성스러운 자부로서의 고귀한 의무를 기쁨으로 감당하여 아름답고 행복한 가정천국을 이루길 원합니다.

그리고 주님의 교회에서 우리 여전도 회원들이 성령 안에 화평을 이루며 주님의 사명 따라 사랑으로 말없이 기도와 구제 전도 선교 봉사에 충성하며 온 세상에 그리스도의 향기를 발하여 상처 받은 영혼들과 하나님을 모르는 사람들을 그리스도께 인도하길 원합니다.

평강의 왕 주 하나님!

우리 여전도회가 사랑 기쁨 헌신으로 우리 교회 각 기관을 위해 봉사하고 협력하며 성장 동력의 윤활유 역할을 하기 원합니다. 또한 우리 교회 담임 목사님과 부교역자님들을 잘 섬기고 목회사역에 풍성한 열매 맺을 수 있도록 우리 여전도회가 성령 안에서 사랑과 기도와 물질로 헌신 충성하게 은혜와 능력을 주여 베풀어 주옵소서.

사랑의 주 예수 그리스도의 이름으로 기도드립니다. 아멘!

남 전도회 헌신 예배 기도

"오직 여호와를 앙망하는 자는 새 힘을 얻으리니" 할렐루야!

하늘에 계신 주 하나님 우리 아버지!
거룩하신 하나님의 형상대로 지음 받은 인간으로서 창조주 하나님을 모르고 짐승처럼 살아온 우리를 예수 그리스도 안에서 구원해 주시고 하나님의 자녀의 권세를 주시며 천국영생하게 은혜주신 주님께 영광 감사 찬양합니다.

은혜의 주 하나님!
쓸모없고 무능한 저희들을 주 예수 그리스도 피의 복음위에 세우신 우리 ○○ 교회의 남전도 회원으로 불러 주시고 하나님 나라 일꾼으로서의 거룩하고 복된 사명 주심을 주여 감사합니다.

하오나 주님, 우리는 아직도 영적 성숙에 이르지 못하여 가정에서 가장의 의무도 남편의 의무도 아버지된 의무도 부모님을 섬기는 자식의 의무도 다하지 못한 인간입니다.
직장과 사회에서도 우리는 그리스도인으로서 세상의 소금과 빛의 사명을 다하지 못했으며 하나님의 영광을 나타내지 못했습니다. 또한 우리는 교회에서도 그리스도의 제자로서 복음의 증인으로서 천국 건설의 역군으로서의 사명을 감당치 못했습니다.

육신의 소욕대로 세상을 사랑하고 하나님 뜻을 거역하며 살아 온 것을 회개하오니 주여 용서하여 주옵소서.

사랑의 주 하나님!
오늘 우리 남전도회 헌신예배를 통하여 모든 회원들이 풍성한 은혜를 받고 성령으로 변하여 새 사람 되고 능력 있는 사명자로 천국일꾼들이 되길 원합니다.

주여 우리 남전도 회원들이 여호수아와 갈렙처럼 탁월한 믿음의 비전과 용기와 지혜를 받아가지고 그리스도의 좋은 군사들로 쓰임 받게 하옵소서.

능력의 주 하나님!
오늘 헌신예배 시간에 우리 모두 뜨거운 성령의 불을 받고 말씀과 기도와 사랑의 전도 구제 봉사로써 우리 남전도회가 날로 부흥하여 우리 ○○교회가 생동하는 교회 생산하는 교회 성장하는 교회로 도약하는데 기폭제가 되길 원합니다. 주님 홀로 영광 받으시옵소서.

교회의 머리되신 주 예수 그리스도의 이름으로 기도드립니다.
아멘!

찬양대 헌신 예배 기도

"할렐루야 내 영혼아 새 노래로 여호와를 찬양하라" 할렐루야!

영광의 주 하나님 아버지!
심히 어리석고 허물 많은 우리에게 그리스도 안에서 하나님의 자녀로서 전능하시고 거룩하신 주님의 이름을 찬양할 수 있는 특권 주심을 감사와 찬송으로 영광 돌립니다.

은혜의 주 하나님!
주 예수 그리스도의 십자가 보혈로 우리를 구속하시고 부활의 새 생명을 주신 은혜도 감당할 수 없는데 거룩하신 주님의 몸된 교회 주일 예배 때 마다 새 노래의 찬양으로 하나님의 권능과 영광을 드높이는 찬양대원으로 부족한 것들을 불러 세워 주심을 주어 너무 너무 감사하오며 찬양합니다.

사랑의 주 하나님!
오늘 우리 찬양대 헌신예배를 통하여 주시는 말씀으로 회개의 큰 깨달음과 중한 사명을 일깨워 주옵소서.
저희 모든 대원들의 영혼을 주님의 보혈로 적셔주시고 성령으로 기름 부으사 정한 영으로 교회와 가정과 사회에서 일상의 삶이 곧 아름다운 찬양과 예배가 되며 주님이 받으시는 향기로운 제물이 되길 원합니다.

　기쁨의 주 하나님!
　저희들의 찬양이 하늘 아버지께 큰 영광이 되고 온 성도님들 심령에 위로 기쁨과 치유의 빛이 되며 즐거운 축제의 예배로 심령천국 교회천국 이루게 하옵소서.

　천지 지으신 주 하나님! 구원의 주 예수님! 보혜사 주 성령님!
　오늘도 믿음으로 헌신 충성하시는 우리 찬양대장님과 지휘자 반주자와 모든 대원들이 성령 충만을 받고 풍성한 은혜를 받아 하나님 나라를 위하여 교회의 맡은 직분을 말없이 잘 감당함으로 주님의 칭찬과 하늘나라의 상급 면류관 받기를 원합니다.

　이 기도를 주님이 응답해 주실 줄 믿사옵고

　소망의 주 예수 그리스도의 이름으로 기도드립니다. 아멘!

청년 · 대학부 헌신예배 기도

"청년의 정욕을 피하고 의와 믿음과 사랑과 화평을 좇으라" 아멘

우리의 창조주시며 구주이신 하나님 아버지!
우리들이 주 하나님의 은혜로 주 예수 그리스도의 십자가와 부활의 복음을 믿고 구원받아 천국영생하게 하심을 감사 찬양합니다.

거룩하신 주님!
저희들이 주님께서 주신 젊음과 힘과 패기와 시간을 잘못 사용하여 탐욕과 교만과 혈기와 음란의 유혹에 빠지고 육신의 생각대로 행하며 하나님의 뜻을 거역한 죄를 회개합니다.
믿음이 없어서 마음으로 입술로 몸으로 지은 죄를 자백하오니 주여 용서해 주옵소서.

우리의 선한 목자이신 주님!
청년이 무엇으로 행실을 깨끗이 할꼬 주의 말씀을 따라 삼갈 것이라는 주님의 명령대로 우리가 젊을 때 더욱 하나님을 가까이 하고 복음 순종함으로 우리의 영이 정결하고 강건해져서 주님이 쓰시는 유용한 도구가 되길 원합니다.

우리의 구원의 뿌리시요 반석되신 주님!

우리 인생 문제의 해답은 예수 그리스도시요 우리 국가 민족과 인류의 복지 증진 평화의 길은 오직 예수 그리스도이심을 믿습니다. 이 악한 종말의 때에 저희들의 젊음을 아껴 깨어 기도하고 주 여호와를 앙망함으로 새힘을 얻어 그리스도의 십자가 군병으로서 영적 전쟁에서 모든 죄의 유혹과 사탄을 물리치고 승리의 개가를 부르게 하옵소서

은혜의 주님!
오늘 저희 청년 대학부 헌신 예배 시간에 우리 모두가 살아계신 주 하나님을 만나고 그 음성을 듣게 하옵소서. 주님의 사자를 통하여 주시는 말씀으로 우리가 큰 도전을 받고 육의 자아가 깨져서 우리 교회의 기둥들이 되며 하나님 나라 건설의 역군이 되길 원합니다.

우리 모든 회원들이 불같은 성령의 은혜를 받고 아브라함의 믿음과 다윗의 덕성과 모세의 카리스마 리더십과 여호수아의 비전과 욥의 인내와 솔로몬의 지혜와 다니엘의 신앙절개와 바울의 불타는 열정적 영성 등의 은사와 사명을 받기 원합니다.

능력의 주 하나님!
오늘 우리들이 피 끓는 청년의 때에 주님의 교회를 위해 힘써 헌신하며 그리스도의 나라를 향한 높은 비전과 뜨거운 열정과 강한 의지로 이 땅을 복음화하고 우리 손으로 세상을 바꾸길 원합니다.
주님의 재림이 임박하였사오니 속히 민족복음화와 세계평화를 이루게 하옵소서

우리의 소망 주 예수 그리스도의 이름으로 기도드립니다. 아멘!

중 · 고등부 헌신예배 기도

"너희가 무엇을 하든지 하나님의 영광을 위하여 하라" 아멘

우리 만물의 창조주 되신 주 하나님!
주님의 특별하신 은혜로 저희들이 예수 그리스도의 십자가와 부활의 복음을 믿고 속죄 구원 얻어 하나님의 자녀로 천국 영생하는 복 주심을 감사 찬송합니다.

자비로우신 주 하나님 우리 아버지!
지금까지 저희들이 신앙생활 하면서 교회에서는 그리스도인 같으나 세상에 가서는 복음의 말씀을 거스르고 하나님을 모르는 사람들처럼 육신의 소욕대로 살아온 죄를 고백하오니 주여 용서하여 주옵소서.

거룩하신 주 하나님!
예수님께서 '주 너희 하나님을 사랑하고 서로 사랑하라' 고 말씀하셨는데 어리석은 저희들은 오히려 세상을 사랑하고 서로 미워하며 반목질시하고 다투었습니다. 또한 '너희에게 성령이 임하시면 권능을 받고 땅 끝까지 그리스도의 증인이 되리라' 고 말씀하셨는데 저희들은 오히려 불신앙과 불순종으로 주님의 이름을 욕되게 하였음을 고백하오니 불쌍히 여기시고 저희들에게 절대순종 절대헌신의 믿음을 주옵소서.

임마누엘 주 하나님!

오늘 우리 교회 중,고등부 헌신예배에 성령님 불같이 임하사 죄로 더러워진 저희들에게 옛사람을 벗어버리고 깨끗한 의의 새 옷을 입혀 주옵소서. 이 시간 목사님을 통하여 주시는 말씀으로 우리들의 영이 살고 복음에 합당한 생활로써 주 하나님께 영광돌리길 원합니다.

만세 반석 하나님!

저희들이 주님을 위하여 학업대성하고 성공할 수 있도록 큰 믿음과 지혜와 강한의지와 건강을 주옵소서. 그리스도의 비전인 인류구원과 천국건설이 오늘 우리의 목적과 비전이 되길 원합니다. 주여 저희들이 하나님과 민족과 인류를 위한 큰 비전으로 꿈꾸는 사람이 되게 하옵소서

권능의 주 하나님!

분단된 우리 조국과 위기에 처한 우리 대한민국을 위하여 에스더처럼 목숨 걸고 기도할 수 있는 믿음과 열정을 저희들에게 주옵소서. 불법과 부정부패와 죄악으로 어두운 이 세상을 그리스도의 피 묻은 복음으로 저희들이 고치고 바로 잡아 이 땅에 성경 한국의 새나라를 세울 수 있는 믿음의 의기와 능력 주시길 간구하옵고

인류역사를 주관하시는 주 예수 그리스도의 이름으로 기도드립니다. 아멘!

주일학교 교사 헌신예배 기도

"내가 너희에게 분부한 모든 것을 가르쳐 지키게 하라" 아멘

천지만물을 창조하신 주 하나님!

심히 어리석고 허물 많은 저희들을 하나님 자녀로 인치사 새 생명을 주시고 하나님의 나라를 위하여 교회 주일학교 교사로 불러 귀하게 쓰임 받게 하심을 감사 찬송합니다.

주님께서 저희 교사들에게 천하보다 귀한 주님의 어린 영혼들의 교육을 맡겨 주셨는데 저희들이 믿음과 사랑과 열성이 부족하여 사명 감당하지 못했음을 회개하오니 주여 용서해 주옵소서. 오늘 우리 주일학교 교사 헌신예배 시간에 말씀과 기도와 찬양과 헌신을 통하여 우리 교사들이 기독교 교육에 큰 도전을 받고 성령의 큰 은혜를 입어 유능한 일등 교사들이 되기를 원합니다.

거룩하신 주 하나님 우리 아버지!

훌륭한 스승 밑에서 좋은 제자가 나온다고 했사오니 남을 가르치기 전에 교사된 우리가 먼저 성령의 사람이 되어 올바른 신앙과 고결한 인격과 아름다운 생활로써 본이 되게 하옵소서. 주님, 교사인 저희들이 주님 앞에 복음에 합당한 사람이 되어 우리 주일학생들을 그리스도의 참제자로 십자가와 부활의 신실한 증인으로 양육할 수 있는 은혜와 능력을 주옵소서.

권능의 주 하나님!

유한자인 우리 인간이 무한자이신 주 하나님을 알 수 있는 길은 오직 성경 말씀으로만 가능함을 고백합니다. 전지전능 무소부재의 주 하나님! 우리의 길이요 진리요 생명의 구원이신 주님, 오늘 저희들이 주님께서 바라시고 요구하시는 복음의 사람으로, 주님께 필요한 기도의 사람으로, 주님의 영광 나타내는 복된 사람으로 변화되길 원합니다.

은혜의 주 하나님!

오늘 우리 교사들이 우리들의 가정과 교회와 국가와 인류의 장래가 오직 2세들의 교육에 달려 있음을 바로 인식하고 예수님의 마음으로 제자들을 사랑 안에서 성경 진리를 가르치게 하옵소서. 저희들이 지도하는 제자들이 온전히 성령 안에서 믿음으로 학행일치 지행일치 언행일치 신행일치의 신실한 그리스도인들이 되길 주여 원합니다. 좋은 교회 일꾼들로 영광스러운 하나님의 천국 일꾼들로 만들어 주옵소서 주님!

아버지 하나님! 이 시간 주님 말씀을 선포하시는 목사님을 통하여 우리 교사들이 성령의 불을 받고 죽도록 충성하게 하옵소서.

소망의 주 예수 그리스도의 이름으로 기도 드립니다. 아멘!

선교부 헌신예배 기도

"너희가 성령을 받고 땅끝까지 그리스도의 증인되라" 아멘

사랑의 주 하나님!

죄와 사망에 얽매어 있던 저희들이 주 하나님의 은혜로 예수 그리스도의 복음을 믿고 속죄 구원 얻어 하나님의 자녀로 천국영생 할 수 있는 복을 주심을 감사 찬양합니다. 불충불의한 저희들을 우리 교회 선교부원으로 불러 주심을 감사하오며 주님의 사명을 감당치 못함을 회개하오니 주여 용서해 주옵소서

평강의 주 하나님!

전도와 선교는 주 예수 그리스도의 지상명령이며 우리 성도의 최고 복된 의무임을 믿습니다. 복음전도는 애국 애족의 길이요 선교는 인류 평화와 첩경입니다. 교회의 존재 이유인 영혼구원과 천국건설은 오직 예수 그리스도의 십자가와 부활의 복음을 전하는 전도와 선교를 통해서만 성취되오니 주여 오늘 저희 모두 복음의 빚진 자들로써 성령 불을 받고 영혼사랑 전도선교에 일심협력 진군하게 하옵소서

권능의 주 하나님!

이 땅에 그리스도의 성령의 계절이 오게 하시고 저희들의 기도와

전도 선교를 통하여 어두움의 영 적그리스도의 왕국이 무너지고 하나님의 나라가 확장되게 하옵소서

하늘에 계신 주님!
전도와 선교는 개인 심령 부흥의 길이며 교회성장의 비결이요 국가사회와 인류평화 번영의 첩경이오니 주여 오늘 우리 모두에게 그리스도의 피 묻은 복음을 저 북방 얼음산과 저 남방 산호섬의 땅 끝까지 전하고자 하는 큰 사명감을 일깨워 주시고 주님의 뜨거운 사랑과 은혜를 부어 주옵소서.
세계 각지의 어둡고 미개한 오지에서 가난과 질병과 독재와 우상숭배와 적그리스도와 죄와 사망권세의 사슬에 묶여 고통당하는 심령들을 찾아가서 목숨 걸고 천국복음을 전하는 귀한 선교사님들을 천군천사로 지켜 주옵소서.

살아계신 주 하나님!
오늘 우리 교회 선교부 헌신 예배에 목사님께서 주시는 말씀과 저희들이 드리는 기도 찬양 헌금을 통하여 각자 큰 도전과 은혜를 받기 원합니다. 우리 교회가 날로 부흥성장하고 우리 민족 분단의 휴전선 장벽이 무너지며 민족복음화와 이 땅에 하나님의 나라가 확장되게 하옵소서

주님이 이 기도를 들으시고 응답해 주실 줄 믿사오며

교회의 머리 되시는 주 예수 그리스도의 이름으로 기도드립니다. 아멘!

구역장 헌신 예배 기도

"주께서 구원 받는 사람을 날마다 더 하게 하시니라" 아멘

임마누엘 주 하나님 우리 아버지!
하나님의 은혜로 저희들이 예수 그리스도의 십자가와 부활의 복음을 믿고 속죄 구원얻어 천국 영생복락 누리게 하심을 주여 감사 찬송합니다.

자비로우신 주님!
어리석고 허물 많은 저희들을 주님의 나라를 위하여 주님의 피로 세우신 몸된 교회의 귀한 구역장으로 불러 세워 주심을 감사합니다. 불충불의 저희들이 구역장의 의무를 다 이행치 못하여 주님 앞에 회개하오니 용서해 주옵소서.

사랑의 하나님!
주님께서 저희 구역장들에게 맡겨주신 주님의 양들을 대할 때 주님께 하듯이 구역의 작은 목자로서 사랑과 정성으로 돌보며 섬길 수 있는 믿음을 주옵소서. 방황하는 영혼들을 바르게 인도하며 낙심한 심령들을 위로하고 격려하며 구원의 감격과 기쁨을 맛보게 하고 잃은 양 찾기에 진심으로 헌신할 수 있는 성령의 열정을 구역장들에게 부어 주옵소서.

능력의 주님!

각 구역마다 구역장을 중심으로 모든 구역 회원들이 영혼을 사랑하는 그리스도의 증인된 사명에 불타서 사람을 강권하여 주님의 교회를 가득 채울 수 있는 믿음과 권능과 열심을 허락해 주옵소서.

또한 구역 회원들이 주님 생명 공동체의 한 식구로서 십자가 사랑으로 서로 돕고 감싸 주며 성령 안에서 굳게 결속되어 서로 위로와 격려와 기쁨으로 하나 되게 하옵소서.

우리의 선한 목자 되신 하나님!

금년에 우리 교회 모든 구역들이 목표대로 배가 부흥하여 지경이 넓혀지고 하나님의 나라가 확장되며 주님의 영광이 나타나게 주님 도와 주옵소서. 저희 모든 구역장들이 악하고 게으른 종이라는 책망을 받지 말고 주님 앞에 착하고 충성된 종으로서 잘했다 칭찬과 상급 받기 원합니다.

평강의 주님!

오늘 주시는 말씀을 통하여 저희 모두 큰 격려와 영적 각성과 도전을 받고 성령 충만하여 죽도록 충성하길 원하옵고

인류의 소망이신 주 예수 그리스도의 이름으로 기도드립니다.
아멘!

기도는

필요한 것을 미리 쌓아 놓은 적은 없었습니다. 그러나 절박한 상황에서 오직 기도를 통해서 하나님을 우리의 필요를 채워주셨습니다. 우리는 사람의 도움을 구하지 않습니다. 우리가 의지하는 분은 오직 하나님이십니다. - *조지 뮬러*

 특별예배 대표 기도문

예수 그리스도는 교회의 머리이시며 우리는 그의 몸이라 아멘!

교회 설립 주일 예배 기도

"예수 그리스도는 교회의 머리이시며 우리는 그의 몸이라" 아멘!

거룩하신 주 하나님 우리 아버지!
주님의 피 값으로 세우신 거룩한 주님의 몸된 ○○교회 설립 기념일을 맞이한 이 귀한 축제에 여기까지 은혜 중에 보호 인도해 주시고 우리 교회를 부흥 성장케 해 주심을 감사 찬송하며 영광 돌립니다.

자비로우신 주님!
주님 앞에 맡은 교회 사명을 다 감당치 못한 저희들의 불충불의하고 악하고 게으른 죄를 회개하오니 주여 용서하여 주옵소서.

임마누엘 하나님!
교회는 예수 믿고 성령으로 거듭난 성도들의 생명공동체요 예수님의 한 피 받아 하나님 자녀된 믿음의 형제들의 모임인 사랑 공동체임을 믿습니다. 교회는 하나님의 백성인 우리 그리스도인들의 거룩한 예배처소요 기도의 집이며 성경교육장이며 전도 전초기지요 영성 훈련소임을 믿고 감사합니다. 주님 우리교회 기능인 예배와 교육과 전도와 친교와 봉사를 통하여 인류구원과 천국건설의 교회 사명에 우리 전교우가 헌신충성하게 하옵소서.

권능의 주 하나님!

우리 ○○교회가 성령 강림 때의 초대교회처럼 성령충만 사랑충만 은혜충만 받고 복음의 말씀이 흥왕하여 평안한 가운데 구원받은 사람이 날로 더하므로 크게 부흥케 하옵소서.

오늘날 영계가 혼란하고 죄악이 관영한 말세지말을 당하여 우리교회는 그리스도의 십자가와 부활의 복음진리 위에 생명 있는 교회로 생동하는 교회로 생산하는 교회로 우뚝 서서 빛나고 아름다운 소문이 널리 전해지게 하옵소서. 성령님, 불로 역사하사 우리들이 세상의 소금과 빛으로서 지역사회 복음화와 민족복음화와 세계선교의 선봉대가 되길 원하며 간구합니다.

사랑의 주 하나님!

우리 교회 담임 목사님을 중심으로 모든 교역자님과 장로님들과 권사님 집사님들 구역장 교사 찬양대와 온 교우님들이 믿음과 성령과 사랑으로 하나 되어 각자의 은사와 사명 따라 기쁨으로 죽도록 충성하고 영육간 복을 받아 누리며 하늘 상급과 생명의 면류관을 다 받게 주어 은혜 베풀어 주옵소서

교회의 머리되신

우리 주 예수 그리스도의 이름으로 기도 드립니다. 아멘!

총전도 주일 예배 기도

"너희는 온 천하에 다니며 만민에게 복음을 전파하라" 아멘

존귀하신 주 하나님!
오늘 우리 ○○교회 총전도 주일 축제를 통하여 주님 영광과 찬양을 받으시옵소서.

자비하신 주 하나님 우리 아버지!
저희들이 먼저 예수 믿고 구원 받았고 교회의 거룩한 직분을 받았으나 믿음이 없어 주님 뜻대로 살지 못하고 세상의 소금과 빛된 사명을 다하지 못했음을 고백합니다. 주님 저희들의 불충불의하며 완악하고 교만한 죄를 회개하오니 용서해 주옵소서.

우리를 죄와 사망에서 구원해 주신 아버지!
'너희는 서로 사랑하라' '만민에게 복음을 전파하라' 하신 그리스도의 2대 명령을 저희들이 순종하겠습니다. 복음전도는 주 예수 그리스도의 지상명령이요 성도의 최고 의무이며 천국건설의 기본임을 주여 믿습니다.
전도는 사탄을 이기고 영혼을 살리며 교회 부흥의 길입니다.
전도는 주님 사랑의 실천이요 애국하고 복된 길임을 믿습니다. 오늘 우리가 주님 안에서 성령 충만 받고 그리스도의 뜨거운 피의 '복음

을 힘써 전하게 주여 도와 주옵소서.

사랑의 주님!
오늘 총동원 전도 주일에 천지 만물의 창조주시요 우리 생명의 주인이시며 인류의 구세주 되신 예수님의 명령을 받들어 우리들이 전도하여 많은 심령들을 주님 앞에 인도하였습니다. 전능하신 주님. 오늘 처음으로 주님의 교회에 나오신 분들의 머리 머리 위에 성령으로 기름부으사 주 하나님의 사랑과 은혜로 속죄 구원받고 새 생명을 얻어 하늘의 놀라운 기쁨과 평강을 맛보게 하옵소서.

은혜의 주 하나님!
오늘 교회에 처음 출석하신 분들의 신앙 첫 출발이 천국을 향한 복된 시발점이 되며 그 가치관 인생관이 새로워지고 그 삶이 아름다워 가정마다 자손만대로 영육간에 복을 받아 누리게 주님 도와 주옵소서.

그 동안 총동원 전도주일을 준비하며 총지휘하신 우리 담임 목사님을 중심으로 기도로 물질로 전도로 충성하며 섬기신 우리 교회 모든 교우님들께 풍성한 은혜와 하늘 상급과 면류관을 주실 줄 믿사옵고

우리의 소망과 기쁨이신 주 예수 그리스도의 이름으로 기도드립니다. 아멘

성찬식 예배 기도

"이 잔은 내 피로 세운 새 언약이니 이것을 행하여 마실 때마다 나를 기념하라" 아멘

우리의 선한 목자되신 주 하나님!

죄와 허물로 죽은 우리 인류를 구원하시기 위하여 유대교의 교권주의자들에게 멸시 천대 핍박 당하신 주님, 빌라도의 군병들에 의하여 두 손과 두 발이 십자가에 못 박히시고 머리엔 가시관, 허리 심장은 창에 찔려 흐르는 피, 온 몸에 피 범벅되시니 죄 값으로 죽을 우리를 대신하여 주 예수님이 받으신 처참한 그 형벌이 우리를 살리셨고 천국영생 누리게 해 주신 주님의 은혜 감사 찬양합니다.

자비로우신 주님!

이 몸을 다 바쳐도 갚을 길 없는 주님의 크신 은혜를 잊어버린 저희들이 완악하고 교만하여 주님께 불순종하고 형제를 미워하며 마음으로 입술로 몸으로 죄를 지어 주님을 다시 못 박는 못된 죄인입니다. 이 시간 성찬을 받기 전에 주님 십자가 밑에 엎드려 저희들이 알고지은 죄와 모르고 지은 모든 죄를 눈물로 회개하고 자복하오니 주님 용서하여 주옵소서.

은혜의 주님!

우리 위하여 주님이 찢기신 살과 흘리신 보혈을 기념하여 주님의 뜨거운 사랑과 은혜가 담긴 떡과 잔을 저희들이 받아먹는 이 거룩한 성찬예식에 주의 성령님 임재 하옵소서.

주님의 살과 피인 이 떡과 잔을 먹으려고 하니 주님의 사랑에 감복하여 저희들 목이 메이고 가슴 뜨거워 감격의 눈물이 나옵니다. 주여 통촉하옵소서.

오늘 성찬예식은 우리가 주 예수 그리스도안에 구원 얻었음을 찬양하는 기쁨과 감사의 잔치요 피로 아로 새겨진 은혜의 예식입니다. 이 성찬식을 통하여 주님의 한피 받아 한 형제 자매된 우리 온 교우들이 성령으로 하나, 믿음으로 하나, 사랑으로 하나되어 이 땅에 가장 아름답고 빛나고 복된 교회 천국을 이룩하게 주님 도와 주옵소서.

능력의 주 하나님!

우리 모두의 머리 머리 위에 성령으로 기름부으사 우리 몸과 마음속에 모든 사악한 것과 영육간 모든 질병을 다 고쳐서 정결하게 하시고 새롭게 하옵소서. 주님 지금 우리들이 가지고 있는 이 겸손하고 순수하고 거룩한 마음과 예쁜 모습을 천국 문에 들어갈 때까지 항상 간직하게 도와 주옵소서. 주님을 기쁨으로 찬양하오며

사랑이 무한하신 주 예수 그리스도의 이름으로 기도드립니다. 아멘!

선교사 파송예배 기도

"너희는 천하 만민에게 복음을 전파하라" 아멘

인류역사 흥망성쇠를 주관하시는 주 하나님!
예수 그리스도 안에서 우리를 구원하시고 사명주심을 감사합니다.

사랑의 주님!
오늘은 땅끝까지 천국복음을 전하라는 주님의 명령 따라
주님이 귀히 쓰시는 ○○○ 선교사님을 ○○○지역으로
보내는 파송예배로 주님께 찬양과 영광을 돌립니다.

능력의 주 하나님!
지금도 악령 사탄마귀 흑암의 권세 아래 있는 세계 열방이 많이 있습니다. 오늘 주님의 특별한 섭리와 뜻 가운데 오직 주 예수 그리스도의 생명의 복음 들고 낯설은 이역만리 타국을 향하여 출발하는 하나님의 사자요 주의 종 ○○○선교사님을 주여 강한 손으로 붙드시고 빛으로 인도해 주심을 믿고 감사합니다.

우리의 대장 예수 그리스도 나의 주님!
거기에 아무리 원수 마귀가 들끓는다 해도 내 주님은 강한 성이요 내 방패되시니 우리 ○○○선교사님이 믿음과 기도로 악령들을 묶어 능히 격파할 줄을 믿습니다.

　은혜의 주님!
　주야로 ○○○선교사님과 함께 하시고 능력 주서서 가정의 사모님과 자녀들 긴강과 의식주에 복주시고 눈동자처럼 보호해 주실 줄로 믿습니다. 그리하여 선교사역 중에 주리고 목마른 심령들에게 양식을 나누어 주고, 예수 그리스도의 십자가와 부활의 복음의 능력으로 죽은 자를 살리며, 병든자를 고치며, 절망자에게 소망을 줌으로 가는 곳마다 구원의 역사와 놀라운 기적이 일어나게 하옵소서.

　주님!
　○○○선교사님을 통하여 하나님의 영광이 널리 빛나고 마침내 주 앞에 큰 상급 면류관 받을 줄 믿사옵고

　교회의 머리되신 주 예수 그리스도의 이름으로 기도합니다. 아멘!

심령 부흥 성회 기도

"여호와여 주의 일을 이 수년 내에 부흥케 하옵소서" 아멘.

하늘에 계신 주 하나님 우리 아버지!
허물과 죄로 죽은 우리들이 주님의 은혜로 예수 그리스도의 십자가와 부활의 복음을 믿고 속죄 구원 얻어 하나님의 자녀로 천국 영생하게 하심을 주여 감사 찬송합니다.

은혜의 주님!
저희 교회를 사랑하시고 귀한 부흥성회 천국잔치를 열게 해 주신 주님, 그동안 사모하고 기도하며 준비한 것만큼 저희 메마른 심령위에 은혜의 단비를 흡족하게 내려 주실 줄 믿고 감사합니다.

저희들이 주님 앞에 불순종하고 제 주장 제 욕심대로 살아온 완악하고 교만한 죄를 눈물로 통회 자복합니다. 성령님, 불로 역사하사 우리 속에 깊이 박혀 있는 죄악의 쓴 뿌리를 다 뽑아 태워 주옵소서. 우리의 심령을 정결하게 만들어 주옵소서. 죄로 부패한 옛사람을 벗어버리고 의의 거룩한 새 사람을 입혀 주옵소서.

사랑의 하나님!
이 시간 저희 주리고 갈급한 심령들이 하나님의 만나와 생수로 만족함을 얻고 상한 심령이 치유되고 병든 몸이 고침 받아 놀라운 기적을 체험하며 더러운 귀신이 떠나가고 모든 고통과 흉악의 결박을 끊고 우리 온 교회에 부흥의 불길이 타오르게 하옵소서. 그리하여 우리 모두 함께 주님께 찬양 영광 돌리게 하옵소서.

이번 성회에 우리 교우님들 가정에 주님을 알지 못하는 심령들이 다 구원을 얻게 하시고 이 지역 사회의 많은 영혼들이 주님 앞에 나아와서 죄 사함과 구원의 감격 속에 천국의 기쁨을 맛보게 하옵소서.

기쁨의 주 하나님!
이 시간 주님의 사자 목사님을 통하여 주시는 하나님의 말씀이 레마로 영으로 임하사 저희들의 심령이 은혜 받고 소성하며 성령 충만 사랑 충만하게 하옵소서. 주님, 오늘 이 부흥성회에 참여하신 모든 분들이 하늘의 신령한 은혜와 건강의 복과 자손의 복과 사회적 물질적인 복을 받기 원합니다. 저희 교회 담임목사님께 특별한 은혜를 주실 줄 믿습니다.

임마누엘 주 하나님!
저희 머리 머리 위에 성령의 기름 부어 주시고 가슴마다 기쁨과 평화가 강물처럼 넘치게 하옵소서.

우리의 소망 주 예수 그리스도의 이름으로 기도 드립니다. 아멘!

구역예배 기도

"형제가 연합하여 동거함이 참 즐겁고 아름답구나" 아멘

사랑의 하나님!
허물과 죄로 죽은 우리가 하나님의 은혜로 주 예수 그리스도의 십자가와 부활의 복음을 믿음으로 속죄 구원 얻어 하나님 자녀된 것을 생각할 때 마다 주님께 감사와 찬양을 드립니다.

오늘은 우리 ○○교회 제 ○구역 구역예배로 이 귀한 가정에 모였사오니 성령님 함께 하셔서 말씀을 증거하시는 구역장님과 기도 헌금 간증 친교의 순서 순서마다 우리 함께 은혜 받고 이 귀한 가정에는 주님의 크신 사랑과 기쁨과 복이 넘치게 하옵소서.

우리의 선한 목자 되신 주 하나님!
주님의 뜻을 거역하고 세상과 짝하여 내 생각 내 고집대로 살아 온 우리의 완악하고 교만한 죄를 눈물로 회개하오니 주여 용서해 주옵소서.

오늘 은혜를 사모하며 주님 앞에 모인 우리 사랑하는 구역 식구들을 거룩하신 주님의 능력의 손으로 어루만져 주시고 성령으로 기름 부으사 모두 다 영육건강과 성령 충만을 받고 어려운 문제들이 해결

되며 각 가정마다 사업마다 주님의 평안과 기쁨 속에 승리하게 하옵소서.

주 안에서 한 식구이며 한 형제 자매된 우리 구역 회원 모두 성령 안에서 서로 이해하고 서로 도우며 서로 사랑함으로 굳게 결속되길 원합니다.

소망의 주님!
우리 구역 식구들이 각기 자기가 사는 지역사회와 삶의 현장에서 세상의 소금과 빛으로써의 사명을 다하고 십자가 사랑과 선행을 통하여 그리스도의 증인으로서 하나님의 영광을 나타낼 수 있게 하옵소서.

주님의 은혜로 우리 구역이 부흥되며 지경이 넓혀지고 더불어 모든 구역들이 부흥하여 우리 온 교회가 담임 목사님을 중심으로 화평 중에 성장하게 도와 주옵소서.
주님, 다음 주간 구역예배로 다시 모일 때 까지 우리 구역 식구들을 눈동자처럼 지켜 주시고 서로 사랑과 기대 속에 웃음으로 다시 만나길 원합니다.

우리의 진리요 생명이신
주 예수 그리스도의 이름으로 기도드립니다. 아멘!

예배당 기공예배 기도

"이 집은 살아계신 하나님의 교회요 진리의 기둥과 터이니라" 아멘

교회의 머리되신 우리 주님!
　천지 만물을 창조하시고 허물과 죄로 죽은 우리를 주 예수 그리스도 안에서 구원하시고 천국 영생 복락을 누리게 하심을 진심으로 감사 찬송합니다.

　우리가 입술로는 주여 주여 하면서도, 자기 육신의 집은 호화롭고 값진 가구들로 장식하여 자랑하면서도, 주님의 집은 이제껏 셋집에 허술히 해 놓고 부끄럼도 가책도 없는 파렴치한 죄를 통회 자복하오니 주님 용서해 주옵소서.

　영광의 주님!
　주님의 특별한 은혜와 섭리 가운데 오늘 우리 ○○ 교회의 아름다운 예배당 건축을 위한 첫 삽을 뜨는 기공예배로 아버지 하나님께 영광 돌리게 됨을 감사 찬양합니다.
　주님께서 사랑하시는 백성인 우리 교우들이 주님을 마음껏 경배 찬양하고 기도와 친교와 교육활동을 위한 단독 건물 교회당을 소원하며 그리도 오랫동안 기도했습니다. 은혜로우신 주님께서 이제 허락하사 우리 교회의 숙원 사업인 거룩한 전을 건축하게 되어 너무 너

무 기쁘고 벅차서 감격의 눈물이 볼을 적십니다. 주여!

능력의 주 하나님!
주님께서 이 복된 큰일을 시작하셨사오니 우리 전 교우들이 더욱 깨어 기도하고 전심전력을 기울여 협력하도록 주님 도와 주옵소서. 아름다운 예배당을 준공하고 주님 앞에 헌당하는 그날까지 재정문제나 건축일체의 모든 문제를 주 성령님이 주관하심으로 은혜 가운데 진행될 줄로 믿고 주님께 감사드립니다.

우리 교회당 건물이 날마다 지어져 올라 갈 때에 주님의 천군 천사로 지키사 악령 사탄이 틈타지 못하게 하시고 우리 담임 목사님과 온 교우들이 성령 안에서 사랑으로 한 덩어리가 되게 하옵소서. 또한 주님의 집 벽돌이 한 장 한 장 올라 갈 때 마다 우리의 신앙과 영성도 천국을 향하여 날로 향상되며 교우들의 가정과 사업과 직장에 각자 주님께 헌신한 대로 영육간 넘치는 은혜와 복을 주실 줄 믿고 주여 감사 찬송합니다.

자비로우신 주님!
우리 교회당 건축 현장에서 땀 흘려 일하시는 모든 분들과 건축위원장 장로님을 주님이 붙드시고 함께 하셔서 완공할 때 까지 털끝 하나 상함이 없이 기도 중에 기쁨으로 일하고 하늘나라의 큰 상금을 받을 수 있게 주님 도와 주옵소서.

우리의 반석되신 주 예수 그리스도의 이름으로 기도드립니다.
아멘!

주일 예배 헌금 기도

"너희의 후한 연보를 인하여 하나님께 영광돌려라" 아멘

은혜의 주 하나님!
주 예수 그리스도 안에서 우리가 속죄 구원 얻고 아버지 하나님께 경배 찬양함으로 영광을 돌립니다. 이 시간 우리의 몸과 마음과 뜻과 정성을 묶어 주님 앞에 드리는 예물이 열납되길 원합니다.

만유의 주 하나님 아버지!
십일조를 주님의 것으로 구별하여 드리는 성도에게 말라기 3:10에 주님 말씀 약속대로 하늘 문을 열으사 쌓을 곳이 없는 풍성한 복을 내려 주실 줄 믿고 감사드립니다. 또한 감사 헌금과 선교, 구제, 건축, 생일 기타 모든 정성된 예물을 드리는 성도들에게 날로 더욱 감사할 일이 많아지고 심령 천국 가정 천국을 이루게 하옵소서. 또한 사업과 직장에 영육간 기름진 복을 자손 대대로 누리게 하옵소서.

이 헌금 속에 마음의 소원을 담아 드리는 손길들을 기억하시고 그들의 필요를 채워 주옵소서.

자비로우신 주 하나님!

지금 형편이 어려워서 주님께 헌금하지 못함으로 안타까워하는 형제들을 굽어 살펴주시고 다음번에는 많이 드릴 수 있는 복을 주옵소서.

주님께 드리는 헌금에 우리의 교만이나 거짓이나 인색함이 없이 우리를 구원해 주시고 생명 건강과 가정과 자녀, 직장과 재물과 모든 것을 풍족하게 주신 주님께 감사와 기쁨으로 아낌없이 드리게 하옵소서.

소망의 주 하나님!

이 헌금들이 하나님의 나라를 위해 쓰일 때 놀라운 성령의 역사가 나타나며 교회 재정을 집행하는 청지기들에게 지혜와 은혜를 주시기 원하옵고

주 예수 그리스도의 이름으로 기도드립니다. 아멘!

여름성경학교 기도

"너희가 돌이켜 어린아이들과 같이 되지 아니하면
결단코 천국에 들어가지 못하리라" 아멘

좋으신 하나님 아버지!
이 땅에 어린이들을 주시고 특별히 예수님께서 사랑하시는
예쁜 어린이들을 오늘 우리교회
여름성경학교에 불러 주심을 감사 찬송합니다.

사랑의 주님!
어린이는 가정의 기쁨이요 나라의 보배요 교회의 새일꾼입니다.
세상에 때 묻지 않고 순수하고 깨끗한 어린이들의
흰 종이 같은 마음에 밝고 아름다운 천국을
그리게 하옵소서.

이번 여름성경학교에서 우리 모든 어린이들이
하나님 말씀과 기도와 찬송과 여러 순서들을 통하여
살아계신 하나님의 음성을 듣고 주 예수님을 꼭
만나보길 원합니다.

주님!
우리 모두 성령님 안에서 변하여 새사람되고
하늘나라의 기쁨이 넘치게 하옵소서.
우리 어린이들이 서로 사랑하고 가정에서 부모님께 순종하며
학교 선생님의 가르치심을 따르고
세상에서 소금과 빛으로서 주님 영광을 나타내길 원합니다.
나아가서 우리 어린이들이 우리 민족과 세계 인류를 위한
좋은 일꾼이 되고 하나님 나라 건설의 사명자들이 되게 하옵소서.

주 예수님!
이번 여름성경학교의 하나님 말씀을 전하실 목사님 전도사님과
기도, 찬양 그외 모든 공과를 가르치시는 선생님들께
큰 은혜와 능력을 주시고 풍성한 성령의 열매와
전도열매를 걷우게 되길 원하오며

주 예수 그리스도의 이름으로 기도합니다. 아멘!

전교인 수련회 기도

만왕의 왕 주 하나님!
오늘 우리 교회 전교인 수련회를 통하여 우리 모두에게
새롭게 신앙인격을 닦으며 영성을 함양하는
놀라운 은혜를 주실 줄 믿고 주님앞에 감사 찬양합니다.

능력의 주님!
우리는 그동안 인습과 타성에 젖어 형식적 눈가림의 신앙생활로
영적 활력을 잃고 무기력하며, 열매 없는
무화과나무 같았음을 고백합니다.

행함이 없는 믿음은 죽은 것이라고 말씀하셨는데
우리는 믿노라고 하면서도 말씀 순종 준행하지 못한
거짓되고 형식적 율법주의적인 신앙생활한 것을
눈물로 회개하고 오늘 새롭게 변화되길 원합니다.

아버지 하나님!
선지자 예레미야가 '하나님 말씀은 불이요 방망이라' 고
한대로 이번 수련회 기간에

우리 모두 말씀의 불방망이로 우리 속에 있는
종교적 교만과 위선과 완악한 자아의 육이 깨지고 부서져서
주님앞에 온전히 새사람 되길 원합니다.

주님!
우리교회 예배가 갱신되고 기도, 전도, 선교, 구제, 봉사가
성령안에서 활성화되며 우리의 일상 생활에
주님의 은혜가 넘치게 하옵소서.
우리 온 교회가 주 성령님의 역사로 날마다 구원의 기쁨과
감격속에 사랑과 감사가 넘쳐 질적 양적으로
부흥성장하며 교회 천국을 이루게 하옵소서.

사랑의 주님!
우리 목사님을 중심으로 온교회가 믿음으로 하나
성령으로 하나 사랑으로 하나 되어
하나님의 큰 영광을 온 땅에 나타내길 원하옵고

주 예수 그리스도의 이름으로 기도합시다. 아멘!

전교인 야외 예배 기도

"주 하나님 지으신 모든 세계의 아름다움을 찬양합니다" 아멘

천지만물을 창조하시고 우리를 구원해 주신 주 하나님!
오늘 주님께서 만드신 넓고 아름다운 대자연 속에서
우리 ○○교회 온 교우 함께 야외예배를 통하여
은혜받으며 주님 앞에 감사와 영광을 돌립니다.

호흡이 있는 자마다 여호와를 찬양할지어다
하늘도 푸르고 산도 푸르고 들도 푸르고 바다도 푸르고
우리 마음도 푸른 희망으로 주님의 사랑을 노래합니다.
세상에서 죄악으로 오염되고
거짓과 시기심과 욕심과 교만으로 일그러진
우리의 심령을 저 푸르름 속에 다 날려 보내오니
주님의 보혈로 씻으며 성령불로 태우소서.

은혜의 주님!
주님의 따뜻한 사랑의 손길로 우리 마음의 상처를
싸매 주시고 그리스도의 첫사랑을 회복하며
영성이 더욱 향상되길 원합니다.
오늘의 모든 순서마다에 주님 사랑이 꽃피게 하시고
서로를 섬김으로 천국을 맛보게 하옵소서.

오늘 우리 온 교우가 성령안에 사랑으로 하나되고
주 안에서 어린아이들처럼 마음껏 웃고
마음껏 뛰고 마음껏 즐기게 하옵소서.

주여!
오늘 시작부터 끝까지 천군천사로 지켜주시고
간악한 사탄 마귀 틈타지 못하게 막아주시며
귀가할 때까지 성령님 인도해 주실 줄 믿사옵고

우리 주 예수 그리스도의 이름으로 기도합니다. 아멘!

군 부대 위문 기도

"여호와께서 성을 지키지 아니하시면 파수꾼의 경성함이 허사로다" 아멘

인류역사와 국가 민족의 흥망성쇠를 주관하시는 하나님!
우리 대한민국을 오늘까지 지켜 주심을 감사 찬양합니다.

좋으신 우리 하나님!
아름다운 우리나라 삼천리 금수강산이 우리 민족의 죄로 인하여
나라허리 끊어져 60년의 아픔 6·25 동족상잔의
피의 상처는 아직도 신음중입니다.
주여. 우리 7천만 민족을 긍휼히 여기사
속히 남북통일과 민족복음화를 이루게 하옵소서.

자비로우신 주님!
오늘 젊음 받쳐 나라 지키는 파수꾼으로
밤낮 국토방위에 충성하는 ○○사단 군부대를 방문하고
국군 위문행사를 통하여 먼저 주 하나님 앞에
찬양과 경배를 드리게 됨을 진심으로 감사합니다.

만군의 여호와 주 하나님!
우리의 자랑스럽고 씩씩한 국군장병들이
조국과 민족을 사랑함으로 대내외의 모든 불의와 불법과
죄악을 막는 정의의 방패요 그 어떠한 적도
과감하게 물리쳐 이길 수 있는 천하무적 필승의
강한 용사들인줄로 믿습니다.

주님!
우리 국군의 기강과 일치단결과 전투력 향상이
우리나라 국력신장의 기틀이 된 것을 감사하오며
우리 육해공군 전 장병들의 건강과 무훈과 승리를 간구하옵고

상승장군 주 예수 그리스도의 이름으로 기도합니다. 아멘!

재소자를 위한 기도

"오직 여호와를 앙망하는 자는 새힘을 얻으리니" 아멘

상한 갈대를 꺾지 아니하시고 꺼져가는 등불도
마구 끄지 아니하시는 자비로우신 주님!
허물과 죄로 죽었던 우리들이 주 예수 그리스도의 십자가와
부활의 복음을 믿음으로 죄와 사망에서 구원얻고
천국영생 복락을 누리게 됨을 감사 찬양합니다.

주여!
아담 이후에 세상에는 그리스도의 복음진리를 알지 못하고
무거운 죄짐을 짊어지고 고통과 비탄과 절망중에 신음하며
죽어가는 심령들이 많이 있습니다.

오늘 여기 ○○구치소(교도소)에는 혹은 불의의 사고로,
혹은 불우한 환경으로 인하여, 혹은 순간적인 부주의와 탈선으로
인하여 법을 어기고, 또는 억울한 누명을 쓰고
사회로부터 격리되어 수감되고 고통에 몸부림치는 이들이
많이 있습니다.

사랑의 주 하나님!
이곳에 정신적 육체적으로 아파하고 번민하며
혹은 낙심하고 분노하는 사람들의 영혼을 위로하시고
이 중에 한분도 빠짐 없이 인류의 참 소망이신
구세주 예수 그리스도의 복음을 믿고 속죄구원 받는
복을 내려 주옵소서. 잠시 여기에 머무는 동안
주 하나님을 만나고 성령으로 거듭나며 변화되어
출소 후에는 영육간 온전히 새사람으로서
자기 자신과 가정과 국가민족과 세계 인류를 위하여,
하나님 나라를 위하여 없어서는 안되는
꼭 필요한 인물되길 원합니다.
그리고 남은 생애 남을 돕고 선을 행하며 성실 근면함으로
평강 중에 부요를 누리고 빛나고 아름다운 인생의 발자취를
남기게 되길 원하옵고

우리 구주 예수 그리스도의 이름으로 기도합니다. 아멘!

식사기도

"하나님이 넉넉히 주셔서 저희가 먹고 배불렀더라" 아멘

만복의 근원되신 주 하나님!
하나님의 은혜로 우리들이 예수 그리스도의 십자가와 부활의 복을 믿고 속죄 구원 얻어 하나님의 자녀됨을 감사 찬양합니다.

주님!
때를 따라 우리에게 맛있고 좋은 음식을 넉넉히 주셔서 배불리 먹을 수 있게 하심을 주여 감사합니다. 우리가 먼저 영의 양식인 하나님의 말씀으로 심령이 강건하고 성령으로 충만하길 원합니다.

은혜의 주님!
오늘 정성을 다해 주님의 사랑으로 이 음식을 공궤하는 이 귀한 가정에 주님의 풍성한 복을 주시고 이 음식을 땀 흘려 준비하며 요리하는 귀한 손길들에도 은혜를 내려 주실 줄로 믿고 감사합니다.

자비로우신 주 하나님!
이 땅에 굶주림과 궁핍함으로 눈물 흘리는 많은 사람들과 고통에 몸부림치는 인류를 주님 보살피시고 구원해 주옵소서.

우리들이 주님 주신 이 음식을 감사함으로 먹고 더욱 건강해져서 남은 생애 주님의 영광을 위해 선을 행하며 충성하길 원하옵고

생명의 주 예수 그리스도의 이름으로 기도드립니다. 아멘!

기도는

하나님께서 일하시는 시간은 우리가 기도할 때입니다.

"구하라 그러면 너희에게 주실 것이요 찾으라 그러면 찾을 것이요 문을 두드리라 그러면 너희에게 열릴 것이니 구하는 이마다 얻을 것이요 찾는 이가 찾을 것이요 두드리는 이에게 열릴 것이니라 너희 중에 누가 아들이 떡을 달라 하면 돌을 주며 생선을 달라 하면 뱀을 줄 사람이 있겠느냐 너희가 악한 자라도 좋은 것으로 자식에게 줄줄 알거든 하물며 하늘에 계신 너희 아버지께서 구하는 자에게 좋은 것으로 주시지 않겠느냐" -마 7:7-11

주님의 일꾼으로서 맡은 자들에게 구할 것은 충성이니라

장로 안수집사 권사 임직 예배 기도

"주님의 일꾼으로서 맡은 자들에게 구할 것은 충성이니라" 아멘

은혜와 진리가 충만하신 주 하나님!
주 예수 그리스도의 피로 값주시고 우리 ○○ 교회를 세우사 오늘 이렇게 좋은 날 교회의 기둥들로 장로 안수집사 권사의 귀한 일꾼들을 세워 임직식을 통하여 성령의 기름 부으심으로써 거룩한 하나님의 나라 사명을 감당케 하시오니 주님 앞에 감사와 찬송과 영광을 돌립니다.

사랑의 주 하나님 우리 아버지!
그 동안 주님 교회의 거룩한 직분을 맡은 자로서 말씀 준행하지 못하고 기도와 전도와 선교 봉사에 게을렀던 우리들의 불충불의하며 완악하고 교만한 죄를 회개하오니 주님 용서해 주옵소서.

권능의 주 하나님!
오늘 주님 앞에 거룩한 직분을 임직 받은 장로님 안수 집사님 권사님들이 주님의 몸된 교회의 지도자로써 목사님의 목회에 기쁨으로 순종 협력하여 주님의 인정을 받고 사람들에게 칭찬과 존경을 받게 하옵소서.

우리 임직자들이 믿음과 은혜가 충만하고 사랑과 권능이 충만하며, 성령과 지혜가 충만하며, 겸손과 덕망이 뛰어나고 신행일치의 모범을 나타냄으로 주 하나님을 영화롭게 하길 원합니다.

이제 임직 받으면 우리 몸은 우리의 것이 아니고 주님의 피 값으로 사서서 성령으로 인침 받은 주님의 것임을 깨닫고 육신의 자아를 날마다 십자가에 못 박게 하옵소서. 말씀보다 성령보다 기도보다 앞서지 않게 하시고 또한 섬김 받으려 하지 말고 오직 사랑과 겸손으로 섬기는 종이 되어 먹든지 마시든지 죽든지 살든지 오직 주님을 기쁘시게 함으로 주님의 나라와 교회 부흥을 위해 최선을 다하길 원합니다.

소망의 주 하나님!
오늘 하나님 앞에 귀한 임직을 받은 후에 그 전보다 더욱 깨어 기도하며 십자가와 부활의 증인으로 자기를 부인하고 죽도록 충성함으로써 각기 사업과 직장과 가정에 자손만대까지 영육간 풍성한 복을 받아 누리며 하늘 상급과 면류관을 받게 주님 도와 주옵소서.

교회의 머리되신 주 예수 그리스도의 이름으로 기도드립니다.
아멘!

약혼식 기도

"하나님의 모든 약속은
그리스도 안에서 '예' 라는 응답으로 이루어지느니라" 아멘

하나님의 나라와 인류를 위하여 가정을 세우신 하나님 아버지 오늘 주님 앞에서 혼인 준비를 위하여 하나님의 자녀인 ○○○ 군과 ○○○ 양의 약혼식 예배로 주님께 영광 돌리게 됨을 감사 찬송합니다.

사랑의 주님!
혼인을 언약하기 위하여 오늘 약혼하는 두 사람의 머리 위에 성령의 기름 부으심으로 그 마음속에 사랑과 기쁨이 충만하고 양가 부모 형제 가족 친지들에게도 주님의 은혜와 풍성한 복을 내려 주옵소서.

은혜의 주 하나님!
이 시간 이후에 인간대사인 혼인을 준비하는 동안 두 사람과 양가에서 믿음과 비전과 아름다운 꿈을 가지고 기도 중에 서로 감사하고 마음을 합하여 행복한 가정 세움을 계획성 있게 진행하도록 도와 주옵소서.

두 사람이 하나님 앞에서 혼인 서약을 하고 정식 부부가 되는 그 순간까지 서로 정신적 육체적 순결을 지키며 물욕과 허영심을 버리고 이 세상에서 가장 아름답고 하나님이 기뻐하시는 향기로운 혼인과 복된 새 가정을 준비할 수 있도록 성령님 인도해 주시길 원합니다.

소망의 주 하나님!
오늘의 이 약혼식이 즐겁고 복되게 임마누엘 주 하나님이 천군천사로 지켜 주실 줄 믿사옵고

교회의 머리되신 주 예수 그리스도의 이름으로 기도드립니다.
아멘.

결혼식 기도

"아내들아 남편에게 복종하라 남편들아 아내를 사랑하라" 아멘

만유의 주재이시며 찬양과 경배를 받으시는 아버지 하나님. 오늘 주님의 은혜로 백년가약을 맺는 하나님의 자녀인 신랑 ○○○군과 신부 ○○○양의 아름다운 혼인 예식을 통하여 주님 앞에 영광과 감사를 드립니다.

은혜의 주님!
혼인의 목적대로 오늘 일남 일녀가 육체적 정신적 영적 결합을 통한 한 마음 한 몸 된 부부로써의 대의를 지키게 하옵소서.
이 시간 주님과 증인 앞에서 혼인 서약한 대로 서로 돕고 사랑하며 주 하나님을 영화롭게 하는데 일평생 최선을 다하게 하옵소서.

오늘 벅찬 꿈과 비전으로 새 가정을 이루는 신랑신부는 주 안에서 변함없이 부부의 의무를 지켜 동거의무와 정조의무와 부양의무와 협조의무를 이행함으로써 날마다 사랑이 꽃피고 행복의 열매가 풍성할 줄로 믿습니다.

가정의 주인이신 주 하나님!

오늘 신랑 신부의 머리 위에 성령으로 기름 부으사 주례사와 순서를 통하여 기쁨이 충만하고 일생 부부가 영육건강 자손번창 물질풍요의 복을 누리게 도와 주옵소서.

가정은 교회와 사회와 국가의 기초이므로 위로는 주 하나님을 경외하고 교회에 충성하며 부부화목하고 부모님을 공경 효도하며 이웃에게 봉사하는 아름답고 모범된 가정을 이루기를 바라옵고

기쁨의 주 예수 그리스도의 이름으로 기도드립니다. 아멘!

첫돌 감사 예배 기도

"아기가 자라며 강하여 지고 지혜가 충족하며
하나님의 은혜가 그 위에 있더라" 아멘

우주를 창조하시고 우리를 죄와 사망에서 구원해 주신
주 하나님 아버지 은혜를 감사 찬송합니다.

오늘 이 귀한 가정에 주신 보배로운 선물 ○○○을
주님께서 사랑하시고 1년간 은혜 중에 보호하셔서
몸이 자라고 지혜가 자라며 예쁘고 건강하게
첫 돌을 맞이하는 복 주심을 감사합니다.

사랑의 주 하나님!
이 아이의 양육을 위하여 자나 깨나 믿음과
기도로 또한 사랑과 정성으로 아껴 돌보신
그 부모님의 노력과 헌신이 귀한 열매로
나타나게 해 주실 줄 믿고 주님께 감사드립니다.

부모가 먼저 성령 안에서 하나님을 사랑하고 부모님께 효도하며
부부 화목할 때에 그 밑에서 자라는 이 아이는

종려나무처럼 곧고 무화과 나무 처럼 아름답게,
감람나무처럼 무성하게 성장할 줄로 믿습니다.

평강의 주님!
하나님의 아들(딸)인 ○○○에게 오늘 성령님 기름 부으사
믿음충만, 지혜충만, 성령충만한 사람이 되어
주님의 나라를 위하여, 우리나라와 민족을 위하여,
세계인류를 위하여, 귀히 쓰임 받게 하옵소서.
또한 부모공경, 교회봉사, 사회공헌을 함으로써
주님의 이름 높여 영광 나타내게 하옵소서.
이 아이로 인하여 온 가정이 주님 은혜중에 날마다
기쁨과 평안과 웃음이 넘치고 복된 일이 더욱 많아지길 바라옵고

기쁨의 주 예수 그리스도의 이름으로 기도합니다. 아멘!

회갑 · 육순 감사 예배 기도

"할렐루야 여호와를 경외하며 그 계명을 크게 즐거워하는 사람은
복이 있도다 그 후손이 강성함이여 정직자의 후대가 복이 있도다" 아멘!

인간의 생사화복을 주관하시는 주 하나님!
우리를 죄와 사망에서 구속하시고 만가지 은혜 주심을
감사 찬양합니다.

오늘 주님이 사랑하시는 ◯◯◯성도님(장로님, 권사님, 집사님)의
제60회 생신(회갑, 칠순)을 맞이하여 그 사랑하시는
처자 권속들과 친지들, 믿음의 형제들이 함께 모여
하나님 앞에 경배하도록 복 주심을 감사합니다.

평강의 주 하나님!
◯◯◯성도님을 사랑하시고 지금 여기까지 죄악과 질고 많은
이 세상에서 60년 동안을 주님의 평강으로
지켜 인도해 주시고 보호해 주심을
진심으로 감사 드립니다.

앞으로 남은 생애 더욱 주님을 경외하고
말씀 순종 충성 봉사함으로 하나님을 영화롭게 하시고
세상을 아름답게 만드는 은혜를 허락해 주옵소서.

주님!
◯◯◯성도님의 기도와 믿음과 헌신으로
그 자손이 대대로 강성하고 번창하며 영육간에 큰 복을 받아
주님의 빛을 널리 비추기를 원합니다.

사랑의 주님!
오늘 다시 한번 새롭게 인생을 출발하시는 ◯◯◯성도님이
세월이 흘러 몸은 노쇠해 질지라도
속사람은 성령충만 지혜충만 기쁨충만하고
웃음과 감사 속에 날마다 새롭고 건강하게 그리고
곱게 늙으셔서 더욱 신앙인격이 빛나고 아름다워지게 하옵소서.
그리하여 마침내 주님 앞에
칭찬과 하늘 상급 면류관 받으시길 원하오며

소망의 주 예수 그리스도의 이름으로 기도합니다. 아멘!

입관 예배 기도

"지금 이후로 주 안에서 죽는 자들은 복이 있도다" 아멘

천지를 창조하시고 우리의 생명과 호흡을 주관하시는 주 하나님. 오늘 사랑하는 가족을 잃고 충격과 애통에 잠긴 유족들을 주님의 성령으로 위로해 주시고 하늘나라 소망 중에 새 힘을 얻게 하옵소서.

소망의 주님!
인생은 그 날이 풀과 같으며 그 영화가 풀의 꽃과 같이 금방 시들어지니 얼마 전까지 우리와 얼굴 마주 보고 대화하던 ○○○ 성도님은 이제 그 영혼이 육신을 떠나 주님의 품에 안겼습니다.

고 ○○○ 성도님은 살아생전 주 예수 그리스도의 십자가와 부활의 복음을 믿고 성령으로 거듭나 하나님의 자녀로서 오직 은혜 중에 천국 소망을 가지고 밝고 성결하며 아름다운 발자취와 복된 삶을 살고 가셨습니다.

자비로우신 주 하나님!
○○○ 성도님께서 우리와 육신의 정을 끊고 유명을 달리 하심으로 이제 그 유해 안장을 위하여 입관을 하고자 합니다.
주님께서 '나는 부활이요 생명이니 나를 믿는 사람은 죽어도 살겠

고 무릇 살아서 나를 믿는 사람은 영원히 죽지 아니하리라'고 말씀하신 대로 주님 재림의 날에 고인도 우리와 함께 부활하여 우리 함께 영혼과 육체가 천국영생 복락을 누리게 될 줄로 믿습니다.

생명의 주님!
지금 슬피 우는 유족들과 모든 조문객들이 모든 성도의 부활영생과 장차 주님 앞에서 우리 서로 다시 만나 복락을 누릴 소망으로 천국의 위로와 새힘을 얻도록 주님 사랑의 손으로 어루만져 주옵소서.

부활의 주 예수 그리스도의 이름으로 기도드립니다. 아멘

발인 예배 기도

"네가 주 예수 그리스도를 믿으면 하나님의 영광을 보리라" 아멘

    우리의 생명의 부활이요 소망이 되시는 주 하나님!
    일찍이 하나님의 은혜로 주 예수 그리스도를 믿고 속죄 구원 얻어 부활의 소망 가운데 살다가 세상을 떠나 주님의 나라에 가신 고 ○○○ 성도님의 유해를 마지막 떠나보내는 오늘 발인예배에 성령님 임재 하셔서 애통하는 유족들과 일가친지 그리고 모든 조문객들에게 위로와 천국소망을 불어 넣어 주심을 믿습니다.

    우리의 길이요 진리요 생명이신 하나님!
    인생은 아침 안개 같고 풀 위에 맺힌 이슬같이 허무하고 연약한 것임을 오늘따라 통감합니다.

    하오나 우리의 사랑하는 친구요 다정한 신앙동지인 고 ○○○ 성도님은 그의 생전에 신실한 믿음과 아름다운 덕행으로 인하여 눈물도 고통도 질병도 어두움도 죄악도 죽음도 없는 저 천국에서 지금 주님 앞에 안식과 영생복락을 누릴 줄로 믿고 감사합니다.

    은혜의 주 하나님!
    오늘 유족들과 이 자리에 모인 모든 분들이 우리 생명의 주인이시

며 부활의 주 예수 그리스도를 믿음으로 속죄 구원 얻고 평안을 누리며 천국 소망 중에 살다가 장차 천국 가서 주님 앞에 앞서간 성도들을 기쁨으로 만날 수 있게 하옵소서.

주님!
오늘 장례식을 집례하시는 목사님을 성령 충만케 하시고 모든 운상, 장례 절차를 통하여 하나님 아버지 영광을 받으옵소서.

구주 예수 그리스도의 이름으로 기도드립니다. 아멘!

하관 예배 기도

"예수 그리스도의 복음을 믿고 죽은 사람은 주님 재림의 날 부활합니다" 아멘

우리의 구원과 소망이신 주 하나님 아버지!
허물과 죄로 죽은 우리를 살려 주시고 흑암 중에도 빛을 일으켜 주시는 주님을 찬양하고 감사합니다.

능력의 주 하나님!
오늘 하나님 앞에서 우리의 사랑하는 형제 ○○○ 성도님의 유해를 안장하려고 합니다. 고인의 영혼은 이미 하나님이 예비하신 영광의 나라의 평안과 안식에 들어 간 줄로 믿습니다. 그리고 흙으로 된 육신은 지금 흙으로 돌아갑니다.

하오나 우리 주님이 장차 천사장의 호령과 나팔 소리 가운데 재림하실 때 모든 성도와 함께 고인도 무덤에서 부활할 줄로 믿습니다. 그리고 영원히 썩지 않을 영광의 몸으로 공중에 들려 올라가 주님을 영접하고 영생의 천국에서 주님과 함께 영원한 평안과 복락을 누리게 될 줄로 믿고 감사합니다.

은혜의 주 하나님!
　이제는 이 땅에서 고인의 얼굴을 다시 볼 수 없음을 애달파 하는 유족들과 일가친척 친지들에게 성령님 긍휼과 위로를 부어 주사 우리가 세상사는 동안 장차 천국 가서 주님 앞에 고인과 우리 모두 빛과 사랑과 기쁨 속에 다시 만날 그 날을 기대하며 바른 신앙과 선행으로 준비하게 하옵소서.

　우리의 부활의 첫 열매되시는
주 예수 그리스도의 이름으로 기도드립니다. 아멘!

추모 예배 기도

"너희는 하나님의 언약을 후손 대대로 지킬지니라" 아멘

인류 역사를 주관하시는 주 하나님 아버지!
오늘 ○○○ 성도의 어머님 살아생전의 모습을 되새기며
그 가족과 함께 주 하나님 앞에 경배 찬양합니다.
이 세상은 우리들이 영원한 본향 천국에 갈
준비과정이라 했사오니 썩어질 땅의 것에 마음 빼앗기지 말고
하늘의 신령한 것을 사모하며 주님의 계명 준행하고
성령님의 인도 따라 아름답고 값있게 살게 도와 주옵소서.

자비로우신 주 하나님!
온 가족이 고인의 생전에 그 신실한 믿음과 사랑의 교훈을
기억하고 그 높은 뜻을 기리며 주님 말씀 준행함으로
고인의 뜻을 저버리지 않고 항상 기도하며 살게 하옵소서.
형제, 자매간에 우애하며 늘 화평하게 살게 하옵소서.
언제나 위해주며 화목하게 살게 하옵소서.
고인이 새겨 주신 말씀 늘 가슴에 품고 살아가게 하옵소서.

사랑의 주님!
가정화평을 이루고 이웃에게 봉사하며 영육간 형통한 복을 받아
주님 나라에서 다시 볼 그날까지 찬송하며 기도하며
자손만대로 주 하나님을 영화롭게 하기 원하옵고

소망의 주 예수 그리스도의 이름으로 기도 드립니다. 아멘!

추모예배: 성경에 추모 예배는 없다. 그러므로 죽은 사람을 사모하는 것이 아니고 조상신을 섬기는 것은 더욱 아니다. 다만 우리의 정서상 부여조의 은덕과 귀한 신앙과 교훈을 되새기며 후손으로써 올바른 신행과 가정화목과 앞으로의 새 삶을 다짐하는데 그 의미를 둘 수 있을 것이다.

기도는

기도는 어린아이의 울음같은 기도로부터 출발할 수 밖에 없습니다. 뜨거워도 울고, 추워도 울고, 배고파도 울고 하는 하나의 표현 방법 밖에 갖고 있지 않은 어린 아이로부터 기도생활은 출발합니다.
바로 그 기도를 하십시오. 왜냐하면 하나님이 이렇게 요청하고 있기 때문입니다. - 박영선, 『기도』, 새순출판사

  심방 기도문

그러므로 내가 너희에게 말하노니 무엇이든지 기도하고 구하는 것은
받은 줄로 믿어라 그리하면 너희에게 그대로 되리라
마가복음 11:24

출산 가정을 위한 기도

"아이를 낳으면 세상에 사람 난 기쁨을 인하여
산고의 괴로움을 다시 기억지 아니하느니라" 아멘

인간의 생사화복을 주관하시는 하나님 아버지!
오늘 주 하나님을 믿고 섬기는 이 성도의 가정에 귀한 아들(딸) 선물을 주심을 감사 찬양 합니다.

이 아이의 부모에게 한나와 같은 큰 믿음과 능력을 주셔서 날마다 이 아이를 사랑하고 기도함으로써 아이가 자라면서 주 하나님을 사랑하며 바르고 지혜롭게 성장하도록 도와 주옵소서.

능력의 주님!
이 아이의 머리 위에 하나님의 은혜가 임하사 몸이 자랄 때 믿음과 지혜가 자라고 성령 충만한 사람이 되도록 인도해 주시길 원합니다. 또한 이 아이가 더욱 건강하고 정직하며 성실하며 세상 죄에 오염되지 않는 존귀한 사람이 되길 원합니다.

이 아이는 어렸을 때부터 하나님의 말씀을 먹고 성령을 호흡함으로써 주 하나님을 경외하고 부모님께 효도하며 교회 부흥과 민족 복음화와 인류 평화를 위하여 큰 비전과 높은 사명을 가지고 헌신하는 사람이 되게 하옵소서.

기쁨의 주 하나님!
이 아이로 인하여 구원의 복음이 온 땅에 널리 전파되며 그의 부모 형제와 그의 주변 사람들이 모두 다 기쁘고 풍요로우며 복된 길이 열려지기를 원하옵고

은혜의 주 예수 그리스도의 이름으로 기도드립니다. 아멘!

생일 기도

"평강의 하나님께서 때마다 일마다 너희에게 평강 주시기를 원하노" 아멘.

우리의 생명과 가정의 주인 되시는 하나님 아버지!
허물과 죄로 죽은 우리가 주 하나님의 특별하신 은혜로 예수 그리스도의 십자가와 부활의 복음을 믿음으로 속죄 구원 얻어 천국 영생하게 하심을 감사 찬송합니다.

은혜의 주님!
오늘은 주님께서 사랑하는 ○○○ 성도의 제 ○회 생일(웃어른에게는 생신)을 맞이하여 그 귀한 자녀들과 일가친척과 교우들이 생일축하예배로 함께 모여 주님께 영광 돌리게 됨을 감사합니다.

오늘 ○○○ 성도 내외분의 머리 위에 성령으로 기름 부으사 믿음으로 더욱 기쁨이 충만하고 영육 강건하며 맡은 사명에 충성함으로 가정화목 사업대성 자손 번창하여 주 안에서 복을 받아 누리길 원합니다.

이 귀한 가정이 주님 복음의 빛을 발하는 모범 가정이 되어 세상에 섬기는 덕을 나타내며 하나님의 살아 계심을 보여 주는 간증이 되게 하시고 전도가 되게 하옵소서.

평강의 주님!

　○○○ 성도의 남은 생애 온 가정에 날마다 기쁜 찬송 감사기도 즐거운 웃음소리가 그치지 않게 하옵소서. 오늘 이 자리에 생일 축하하는 우리 모두에게 주님의 은혜 충만하길 바라옵고

　기쁨의 주 예수 그리스도의 이름으로 기도드립니다. 아멘!

입학생을 위한 기도

"주의 앞에는 기쁨이 충만하고 주의 우편에는 영원한 즐거움이 있도다" 아멘

우리의 길이요 진리요 생명이신 주 하나님 아버지!
주님의 창조의 은혜와 구속의 은혜와 우리에게 베풀어 주시는 만 가지 은혜를 감사 찬송합니다.

사람을 교육하여 귀히 쓰시기를 원하시는 주 하나님. 우리 교회 믿음의 가정에서 자란 ○○○ 군(양)이 주님의 은혜와 섭리 가운데 ○○○○ 학교에 입학하게 인도해 주신 성령님 은혜를 감사합니다.

능력의 하나님!
오늘 좋은 학교에 진학하는 ○○○ 군(양)에게 주 하나님을 사랑하는 신실한 믿음과 건강과 지혜를 더해 주시고 주님 나라를 위하여 귀한 은사와 능력과 높은 비전과 큰 꿈을 허락하여 주옵소서.

훌륭한 스승과 좋은 친구를 만날 수 있도록 주님 도우시고 악인의 말을 듣지 않게 하시고 오만한 자들과 어울리지 않게 하옵소서. 그리고 믿음으로 어떤 고난과 역경도 이기고 학업 대성하여 주 하나님 영광을 나타낼 수 있기를 원합니다.

사랑의 주님!

자나 깨나 자녀들을 생각하시는 부모님은 자녀들이 믿음으로 크고 바른길 가도록 더욱 깨어 기도하며 주의 교양으로 양육하고 자녀의 영성 함양에 온 힘을 기울이게 하옵소서. 그리하여 주안에서 온 가정에 날마다 사랑과 기쁨과 감사와 평화가 넘치시길 비라옵고

소망의 주 예수 그리스도의 이름으로 기도 드립니다. 아멘

졸업생을 위한 기도

"우리는 주 안에서 선한 일을 위하여 지으심을 받은자니" 아멘

인류역사와 우리의 생사화복을 주장하시는 하나님 아버지!
주님이 사랑하시는 성도 가정의 자녀인 ○○○ 군(양)이
그동안 하나님의 은혜와 부모님의 사랑 속에
학업에 정진하고 각고 노력 끝에 ○○○○학교의 모든 과정을
이수하고 졸업장을 받을 수 있도록 도와주심을 감사 찬양합니다.
이번에 학교를 졸업한 ○○○ 군(양)이
그동안 배우고 닦은 지식과 기능에 자만하거나 태만하지 말고
더욱 높은 비전과 뜨거운 열정으로 계속 연구하고 노력하여
전망이 좋은 사업이나 직업을 갖도록 주님 도와 주옵소서.
그리하여 부모님의 은혜에 보답하고 이 시대에
주 하나님을 위하여 교회와 국가 민족과 세계 인류의 발전에
기여하고 봉사하는 귀한 일꾼이 되기를 원합니다.

영광의 주님!
세상을 넓게 보고 보다 넓은 세상을 꿈꾸는 젊은이가 되게 하시고
주님의 영광을 온 천하에 떨칠 수 있는 일에 쓰임받은 사람이 되어
주님의 은혜를 세상에 뿌릴 수 있도록 도와 주시옵소서.
앞으로의 인생길에 어려움이 도사리고 있고

힘든일이 있을지라도 늘 주님의 손을 잡고 헤쳐나갈 수 있는
주님의 자녀가 되게 하옵소서.
꿈꾸는 젊은이가 되게 하옵소서.

은혜의 주님!
그동안 아들(딸)의 학업대성을 위하여 주야로 기도하고
피땀 흘려 뒷바라지 하신 부모님을 주님 위로하시고
자녀 위한 그 수고가 자녀 손으로 이어져 아름다운 열매로
나타나도록 복내려 주시기 바라옵고

영광의 주 예수 그리스도의 이름으로 기도드립니다. 아멘

취업한 성도를 위한 기도

"하나님을 사랑하는 자 곧 그 뜻대로 부르심을 입은 자들에게는
모든 것이 합력하여 선을 이루느니라" 아멘

때를 따라 은혜 주시기를 기뻐하시는 주 하나님!
죄와 허물로 죽은 우리를 주 예수 그리스도 안에서 구원하시고 주님의 자녀삼아 주심을 감사 찬송합니다.

오늘 주 하나님께서 사랑하시는 ○○○ 형제님께 합당한 좋은 직장을 허락해 주셔서 마음껏 일하게 하심을 주여 감사합니다.

만사를 주관하시는 아버지!
○○○ 형제님께 주님이 좋은 일터를 마련해 주심에 늘 감사하는 마음으로 성실과 근면을 다해 맡은 일을 기쁨으로 잘 감당할 수 있는 믿음과 지혜와 건강과 능력을 주옵소서.

이제 직장생활을 사회생활의 첫경험으로 시작할 때 항상 주 하나님을 경외하고 직장 상사와 동료들을 대할 때에 진실과 사랑으로 그리스도의 향기를 발하여 직장의 선교사적 사명을 다하게 하옵소서.

눈가림만 하지 말고 사람들이 보든지 안보든지 모든 일을 주님께 하듯이 최선을 다하여 높은 비전을 가지고 하나님을 의지함으로 직장의 발전과 자신의 진보 향상에 좋은 열매가 날마다 풍성하게 주여 도와 주옵소서.

평강의 주 하나님!
앞으로 더욱 하나님 나라를 위하여 몸된 교회에 충성하고 이웃에게 선을 베풀며 가정에 충실함으로 나날의 삶이 즐겁고 풍요하여 주 하나님께 영광 돌릴 수 있기를 바라옵고

우리의 힘이 되시는 주 예수 그리스도의 이름으로 기도드립니다. 아멘.

승진한 성도를 위한 기도

"작은 일에 충성하는 사람은 큰일에도 충성하느니라"

우리의 과거와 현재와 미래를 주관하시는 하나님 아버지!
오늘 ○○○ 성도님(장로, 권사, 집사)이 주님의 은혜로 직장의 많은 사람들 중에서 승진의 기쁨을 맛보며 하나님께 영광 돌리게 하심을 주여 감사 찬송합니다.

사랑의 주님!
모든 일에 주 하나님을 경외하고 사람 앞에 진실 겸손하며 맡은 일에 충성한 사람은 존귀와 영광을 차지할 줄로 믿습니다.

○○○ 성도님이 직장에서 날마다 그리스도의 은혜와 성령님의 지혜와 능력으로 모든 고난을 이기며 창의력을 발휘하고 근면 성실하여 책무를 완수함으로써 날로 더 좋은 실적을 나타낼 수 있도록 주여 도와 주옵소서.

평강의 주님!
이번 승진으로 더 한층 분발하고 열심 정진하여 직장의 화합과 발전에 공헌하여 그리스도인으로서의 긍지와 주님의 영광 높이기를 원합니다.

또한 직장 상사와 동료들 앞에 아름다운 덕을 나타내고 소금과 빛의 사명을 다 함으로써 직장 복음화에도 주님의 향기를 발하게 하옵소서. 그리고 직급이 올라갈 때 마다 주님의 도우시는 은혜를 깨달아 감사하며 전보다 더 성실하고 힘을 다해 충성하게 하옵소서.

○○○ 성도님을 사랑하는 주 하나님!
믿음과 능력과 건강을 갑절로 더 해 주셔서 가정과 교회와 직장에서 기쁨으로 최선을 다하며 더 큰 복을 받아 누리길 원하옵고

은혜의 주 예수 그리스도의 이름으로 기도드립니다. 아멘

새집 입주 예배 기도

"주 하나님을 섬기는 의인의 집에는 복이 있느니라" 아멘

사랑의 하나님!
허물과 죄로 죽은 우리를 예수 그리스도 안에서 속죄 구원 얻게 하시고 만 가지 은혜와 복 주심을 감사 찬송합니다.

사랑하는 ○○○ 성도님의 가정에 주 안에서 평강과 번영의 복을 주시고 오늘 이렇게 아름다운 새 주택을 허락하셔서 입주 감사예배로 주님께 영광을 돌립니다. 주 여호와 하나님을 경외하며 그 계명을 크게 즐거워하는 사람은 그 후손이 강성하고 부요와 재물이 그 집에 가득하다고 하였사오니 주여 그런 가정이 되길 원합니다.

소망의 주님!
잠시 머무는 이 육신의 장막 집에서 하늘나라 소망을 가지고 날마다 온 식구가 둘러 앉아 주님 앞에 가정예배로 기쁜 찬송과 감사의 기도와 하늘 만나인 영의 양식으로 배부르고 만족함을 얻으며 가정 천국 이루게 하옵소서.

은혜의 주 하나님!

주님의 천군 천사가 이 가정을 주야로 지켜 주심으로 부모님께 효도하고 부부 화목하며 형제우애하고 이웃에게 선을 베풀며 하나님의 나라를 위하여 몸된 교회에 충성하여 하늘의 신령한 은혜와 건강과 물질의 풍요함과 대대손손 아브라함과 이삭과 야곱의 복을 받아 누리게 하옵소서.

우리의 목자장이신 주 예수 그리스도의 이름으로 기도드립니다. 아멘

이사한 가정을 위한 기도

"사람이 마음으로 자기의 길을 계획할지라도
그 걸음을 인도하는 자는 여호와시니" 아멘

우리의 길이요 진리요 생명이신 아버지!
우리를 눈동자처럼 보호하시고 항상 빛가운데 인도하시는 성령님의 은혜를 감사 찬송합니다.

오늘 ○○○ 성도님(장로님, 권사님, 집사님)의 가정이 주님의 인도하심 따라 이곳에 이사하고 주 하나님 앞에 경배하며 다시 한번 신앙과 인생을 새롭게 가다듬게 됨을 감사합니다.

사랑의 주님!
이 집에 머무는 동안 온 식구가 주안에서 믿음으로 하나 되어 하나님 중심 말씀 중심 교회 중심 생활을 날마다 성령 충만 기쁨 충만하게 하옵소서. 주님의 은혜 가운데 온 가정이 더욱 영육 강건하며 성령 안에서 항상 화평의 노래와 웃음꽃이 만발하여 주 하나님께 영광돌리기를 원합니다.

복의 근원되시는 주 하나님!

온 식구가 무엇을 하든지 서로 사랑하고 범사에 감사하며 주 하나님을 기쁘시게 함으로써 하늘의 신령한 은혜와 가정의 평강과 사업 대성하게 주여 도와주옵소서. 힘써 복음순종하고 신실함으로 땅의 기름진 복을 받아 하나님의 나라와 몸된 교회 더욱 충성하고 선한 사업에 힘을 써서 자손만대로 형통하며 하늘 상급과 주님의 면류관 받기를 원하옵고

소망의 주 예수 그리스도의 이름으로 기도드립니다. 아멘!

개업하는 형제를 위한 기도

"사랑하는 자여 네 영혼이 잘 됨 같이
네가 범사에 잘되고 강건하기를 내가 간구하노라" 아멘.

　천지 만물을 창조하신 주 하나님 아버지!
　허물과 죄로 죽은 우리를 사랑하사 예수 그리스도 안에서 속죄 구원 얻게 하심을 감사 찬송합니다.

　오늘 ○○○ 성도님(장로님, 권사님, 집사님)이 주님의 은혜로 귀한 사업을 시작하면서 먼저 개업예배로 주 하나님 앞에 영광돌리오니 주여 진심으로 감사합니다.

　능력과 지혜의 하나님!
　이 사업체의 경영 전략 모든 것을 전능하신 주님이 주장해 주옵소서. 사랑하는 ○○○ 성도님이 더욱 깨어 기도하며 하나님 말씀 진리 안에서 성령님 인도하심 따라 주님을 기쁘시게 하고 사람들을 사랑과 진실과 겸손으로 대하게 하옵소서.

　은혜의 주님!
　사장님과 함께 일하는 모든 사원들이 일심협력 성실근면으로 최선을 다해 사업의 큰 성공과 번영을 이루게 도와 주옵소서. 항상 주님이 함께 하심으로 사업이 날로 발전하여 ○○○ 성도님이 힘써 전도와 선교 구제와 선한 일에 헌신하고 교회 부흥에 앞장서며 온 세상에 주 예수 그리스도의 이름을 널리 전파함으로써 주님이 찬양을 받게 하옵소서.

우리의 선한 목자 되신 주 예수 그리스도의 이름으로 기도드립니다. 아멘!

사업 실패한 성도를 위한 기도

"두려워 말라 내가 너와 함께 함이니라 놀라지 말라
나는 너의 하나님이 됨이니라" 아멘.

인간의 생사화복을 주장하시는 주 하나님 아버지!
하나님을 사랑하는 사람 곧 주님의 뜻대로 부르심을 받은 사람은 결국 모든 일이 유익하게 될 줄 믿고 주님 앞에 감사 찬송합니다.

자비로우신 주 하나님!
이번에 ○○○ 형제님(장로님, 권사님, 집사님)이 여러 가지 어려운 여건으로 인하여 잠시 사업 실패의 쓴잔을 마셨습니다. 하오나 믿음으로 주님을 사랑하고 의지하는 ○○○ 형제님은 오히려 합력하여 선을 이루고 반드시 재기하여 큰 성공을 하게 될 줄로 믿고 주님 앞에 간구합니다.

은혜의 주 하나님!
우리 앞에 때로 예기치 못한 불같은 시험과 환난 풍파의 날이 있으나 우리의 왕이 되시고 인생 항해의 선장되시는 주님께서 우리의 부르짖는 기도를 들으시고 평안과 승리의 안전한 포구로 인도해 주실 줄 믿고 주여 감사합니다.

소망의 주님!
어떤 장애물 앞에서도 두려워하거나 낙심하지 말고 긍정적인 생각과 창의적인 노력과 비전을 가지고 전능하신 주 하나님을 믿고 기도하며 더욱 용기와 인내로써 문제 앞에 도전할 때에 사업 자금의 융통이나 판매 거래처 등 지경이 넓혀지며 시온의 대로가 열려 대성공의 복을 받게 될 줄 믿사옵고

나의 힘이 되신 주 예수 그리스도의 이름으로 기도드립니다. 아멘.

시험 당한 형제를 위한 기도

"믿음과 인내와 기도는 시험을 이기게 하느니라" 아멘

전능하신 주 하나님 아버지!
우리들이 시험 환난을 당할 때도 주안에서 이김을 주시는 은혜를 감사 찬송합니다.

이번에 뜻밖에 ○○○ 형제님(장로님, 권사님, 집사님)이 시험과 고난을 당하였으나 주 성령님께서 위로해 주시고 그 충격과 고통에서 헤어나와 믿음과 비전과 열정으로 모든 불 시험을 물리쳐 이기고 새힘을 얻게 하옵소서.

은혜의 주님!
오히려 이 시험을 통하여 ○○○형제님이 귀한 연단과 훈련이 되고 더욱 지혜롭고 치밀한 기획과 강력한 추진력으로 배전의 발전과 성공을 누리게 될 줄로 믿습니다.

사랑의 주님!
주님의 말씀을 붙잡고 부정적인 생각이나 파괴적인 말을 금하고 믿음으로 주 예수 그리스도 안에서 긍정적, 적극적인 생각으로 믿음과 소망의 말을 할 때에 막힌 것이 뚫리고 승리와 회복의 길이 열릴 줄로 믿습니다.

환난에서 피할 길을 주시는 주 하나님!
사랑하는 우리 ○○○ 형제님이 이 시험과 고통 속에 담긴 주님의 뜻을 깨달아 주님 앞에 거리낀 것을 제거하고 심기일전하여 하나님이 주시는 지혜와 권능으로 새로운 활동을 열어 나갈 수 있는 은혜를 허락하옵소서.
이번 일을 경험삼아 가정의 평강과 사업대성을 이루고 더욱 더 하나님 나라를 위하여 주님의 교회에 기쁨으로 충성하여 영육간 큰 복을 받게 주님도와 주시기 바라옵고

승리의 주 예수 그리스도의 이름으로 기도드립니다. 아멘!

질병으로 고통하는 형제를 위한 기도

"나는 너희를 치료하는 여호와임이니라" 아멘.

만병의 의사 되시는 주 하나님 아버지!
허물과 죄로 죽은 우리를 예수 그리스도 안에서 속죄 구원 얻게 하심을 주여 감사 찬송합니다.

주님께서 지금까지 우리에게 믿음과 건강을 주시고 만 가지 은혜와 복을 주셨사오니 주께 영광 돌립니다.

상한 갈대도 꺾지 아니하시는 자비로우신 주 하나님!
오늘 원치 않는 질병으로 병실에 누워있는 사랑하는 ○○○ 형제님(장로님, 권사님, 집사님)을 주님의 피 묻은 손으로 안수 안찰하사 곧 일어나게 하옵소서.
그동안 세상과 육신의 일에 얽매어 하나님의 말씀과 기도 봉사를 멀리 하였고 주님 몸된 교회 직분을 소홀히 하다가 영육이 지쳐 쓰러져서 신음하고 있습니다. 이 시간 ○○○형제님과 함께 우리 모두 회개하며 기도하오니 주여 불쌍히 보시고 자비를 베풀어 주옵소서.

권능의 주님!

믿는 사람에겐 능치 못함이 없다고 하셨사오니 오히려 이 고난을 통과한 후에 정금같이 나오게 하시고 오늘 이 시간 믿음으로 십자가 붙잡고 기도할 때에 모든 병마는 물러가고 건강이 깨끗이 회복될 줄로 믿습니다.

이제 ○○○형제님이 주안에서 일평생 말씀 순종 영육 강건하여 주님께 큰 영광 돌리기를 간구하오며

평강의 주 예수 그리스도의 이름으로 기도드립니다. 아멘!

건강회복으로 퇴원하는 형제를 위한 기도

"주의 이름을 경외하는 너희에게 치료의 광선을 발하리니" 아멘

평강의 주 하나님 아버지!
주님의 은혜로 오늘 ○○○ 형제님(장로님, 권사님, 집사님)이 오랜 기간의 입원과 투병 끝에 건강이 회복되어 퇴원하고 사랑하는 가족의 품으로 돌아와 주님 앞에 기쁨으로 찬양하며 경배하오니 주여 감사합니다.

은혜의 주 하나님!
인간은 죄와 허무와 죽음의 벽을 뛰어 넘을 수 없는 심히 연약하고 무력한 존재입니다. 하지만 우리는 주님의 은혜로 예수 그리스도의 십자가와 부활의 복음을 믿음으로 죄와 사망에서 구원받고 하나님의 자녀로 천국영생하게 하셨사오니 주님 감사합니다.

소망의 하나님!
세상은 험하고 인생은 허무합니다. 사랑하는 ○○○ 형제님이 주님께서 허락하시는 하루하루의 삶이 얼마나 소중하고 아름다운 것인가를 깨달았사오니 남은 생애를 시간과 물질과 능력을 인간의 자랑이나 육체의 기회로 삼지 말게 하옵소서.

오직 성령님의 인도함을 받고 주님의 뜻대로 성실하게 살며 주님을 섬기며 이웃사랑과 선행에 헌신하도록 주님 도와 주옵소서.

능력의 하나님!
○○○ 형제님이 이제 괴로운 날을 다 썼고 주안에서 영육이 새롭게 즐겁고 쾌활한 날을 이루며 천국 소망 중에 주님 기뻐하시는 좋은 일에 충성하고 풍성한 복과 하늘의 상급을 받기를 원하옵고

승리의 주 예수 그리스도의 이름으로 기도드립니다. 아멘!

기도는

건전한 기도는 일상적이고도 평범한 여러가지 다양한 경험들을 필요로 한다는 사실이다. 산책이라든가 대화 혹은 건전하고 유익한 웃음거리들, 화초 가꾸기나 이웃과의 한담 그리고 밥 짓기나 유리창 닦기 등등, 이 모든 일들이 다 기도를 하는데 소중하다. 그뿐인가. 부부간의 사랑이나 아이들과 놀아주는 일 그리고 열심히 일하는 것도 기도하는데 꼭 필요한 요소들이다. *-리차드 포스터*

그러므로 내가 너희에게 말하노니 무엇이든지 기도하고 구하는 것은
받은 줄로 믿어라 그리하면 너희에게 그대로 되리라
마가복음 11:24

새해 아침 기도

우리 생명의 빛이시요 만복의 근원이신 주 하나님 아버지!
주님의 거룩한 성호를 찬양하며 감사드립니다.

말씀으로 우주 만물을 창조하신 주님!
만유에게 때를 따라 은혜와 복을 주시는 주님.
주님의 기쁘신 계획과 작정과 순서에 따라 하늘, 땅, 만물, 사람을 만드신 후에 주님이 좋아하시고 흐뭇해 하셨음을 감사 찬양합니다.

하늘은 땅을 위하여 만드시고 땅은 만물을 위하여 만드시고 만물은 사람을 위하여 만드시고 사람은 주 하나님을 위하여 만들어 주심을 감사 찬양합니다.

주 하나님!
주님께서 은혜 중에 사랑으로 만드신 모든 것들은 다 귀하고 참 아름답습니다. 하늘에는 해와 달과 별과 구름과 공기와 비바람 눈서리 주시니 귀하고 아름답습니다. 땅에는 산과 강과 바다와 들과 물과 시절 따라 먹을 것 쓸 것을 풍성히 주시니 귀하고 아름답습니다.

만물 중에는 동물과 식물과 광물과 새와 물고기와 곤충과 벌레를 주시니 귀하고 아름답습니다.

하나님을 닮은 사람을 남자와 여자로 만드시고 생육 번성 충만하여 땅을 다스리는 복을 주셨으니 주여 그 은혜 감사 찬송하며 경배 합니다.
우리의 창조주시며 생명주시요 구세주시며 만복의 근원이신 주 여호와 하나님. 우리를 주님의 자녀로 삼으사 천국 영생 복락을 주심을 감사 찬송하며 영광 돌립니다.

주님!
주님의 나라가 임하여 어두움의 세력이 물러가고 병든 것들이 다 고침 받게 하옵소서.
주여 우리 앞에 빛 비추어 하늘 문 열리고 지경 넓혀 주옵소서. 주 성령님 온 누리에 주님의 사랑과 평화 넘치고 민족 복음화와 세계 평화가 이루어지길 원합니다. 동녘 하늘에 붉게 타오르는 저 태양처럼 우리 모두 밝은 빛 되어 한 해 동안 성령 열매 전도 열매 풍성히 맺기 바라오며

교회의 머리 되신 우리 주 예수 그리스도 이름으로 기도드립니다. 아멘.

목회자의 기도

거룩하시고 은혜로우신 주 하나님 아버지!
주님의 귀한 성호를 찬양합니다. 높고 높은 하늘 보좌를 내놓으시고 낮고 천한 땅에 오셔서 십자가에 피 흘려 죽으시고 부활하심으로 우리들이 은혜를 믿고 속죄 구원 얻게 하심을 주여 감사하오며 영광 돌립니다.

자비로우신 주님!
심히 부족하고 불충불의한 이 미말의 종을 말세에 주님의 복음전도자로 말씀사역자로 불러 주시고 풍성한 은혜 주시니 황공하옵고 감사를 드립니다. 주님의 사역을 위하여 구하오니 먼저 이 종의 눈을 열어 주님의 진리를 깨닫게 하시고 이 종의 귀를 열어 주님의 음성을 들으며 주님의 뜻을 바로 알고 바로 전하게 하옵소서.

능력의 주님!
이 종에게 아무쪼록 모세의 권능의 지팡이를 주시고 엘리야의 능력의 두루마기를 입혀 주시며 다윗의 물맷돌을 손에 들려 주옵소서.

아버지 하나님!
이 종이 베드로와 바울처럼 사랑의 불덩어리가 되고 성령의 용광

로가 되며 복음의 폭탄이 되길 원합니다.

　주 하나님. 이 종에게 성령으로 기름 부으사 세계를 향하여 영혼구원의 천국 복음을 강하고 담대하게 전하는 영적 능력을 주옵소서.

　능력의 주 하나님. 이 종에게 갑절의 영감과 영력과 영권을 칠 배나 더해 주옵소서.

　만군의 주 여호와 하나님!
　이 종이 성령의 검 주님 말씀을 들고 간악한 악령 사탄마귀를 능히 격파하며 이 땅을 복음으로 정복하고 인류구원과 하나님의 나라 건설에 전력투구 충성코자 합니다.

　주님 이 종의 간구를 들으신 줄 믿사옵고
　사랑의 주 예수 그리스도의 이름으로 기도드립니다. 아멘!

교만을 회개하는 기도

은혜로우신 주 하나님 아버지!
주 예수 그리스도의 높으신 성호를 찬송합니다.

우리를 죄와 사망에서 구원해 주신 주님!
겸손하라 명하셨는데 그동안 주님께 불순종하고
내 뜻대로 행하며 너무 너무 교만했음을 고백합니다.

거룩하신 주 하나님!
나의 나 된 것은 모두 주님의 은혜임을 깨닫지 못하고
어리석게도 자기의 부끄러움을
오히려 자랑으로 여겼습니다.
자신의 육을 나타내는 완악한 고집과
오만 방자함의 고개를 꺾어 주옵소서.

평강의 주 하나님!
교만은 패망에 이르고 겸손은 존귀의 길임을 배웠지만
늘 자신을 나타내려는 어리석은 이 종의 자아를
성령의 불방망이로 부셔서
주님이 쓰실 겸손한 새 그릇으로 만들어 주옵소서.

나와 세상은 간 곳 없고 구속한 주만 바라봅니다.

신실하신 주 하나님 아버지!
이 종에게 회개의 영으로 채워 주셔서
모든 육욕을 십자가에 못 박고
영에 속한 사람으로 주님만 바라보게 하옵소서.

은혜로우신 아버지!
이제 이 종이
오직 믿음으로 온유겸손 기쁨순종 범사감사
열심 충성의 사람이 되길 원합니다.

주 하나님!
진흙과 같은 날 빚으사
주님의 형상 만들어 주시기 원하옵고
우리를 구원해 주신

주 예수 그리스도의 이름으로 기도드립니다. 아멘!

믿음 충만을 위한 기도

전능하시고 자비로우신 주 하나님 우리 아버지!
주님의 아름다운 성호를 찬양합니다.

천지 만물을 창조하시고 주 예수 그리스도의 십자가 보혈로 저를 죄에서 구속하시고 부활의 새 생명을 주신 주님의 은혜에 감사와 찬양과 영광을 돌립니다.

거룩하신 주 하나님!
제가 마음으로 지은 죄와 입술로 범한 죄와 몸으로 지은 죄를 통회 자복하오니 주의 보혈로 정결케 하여 주옵소서

주 하나님 우리 아버지.
제가 모든 일에 삼가 말씀보다 성령보다 기도보다 앞서지 않게 하옵소서. 언제나 어디서나 하나님 중심 말씀 중심 교회 중심의 삶이 되길 원합니다.

거룩하신 주 하나님.
저에게 성결과 경건, 겸손과 온유로 옷 입혀 주셔서 성령충만 믿음충만 사랑충만 지혜충만 하도록 기름 부어 주옵소서

또한 하나님의 전신갑주를 입고 세상과 정욕과 악령을 능히 이기게 하옵소서.

역사의 주인 되시는 주 하나님!
믿음으로 제가 가정과 교회와 직장과 사회에서 오직 그리스도의 향기로서 주님의 영광을 높이 드러내는 복음의 증인과 주님의 도구가 되기를 원합니다.

은혜의 주 하나님 아버지.
이 종이 말씀과 성령 안에서 날마다 새롭게 변화된 성숙한 그리스도인으로서 아름다운 예수열매 성령의 열매 전도열매 풍성히 맺기를 원합니다.

주 하나님 아버지!
주님을 사랑합니다.
임마누엘 주님 안에서 오늘도
풍성한 은혜와 복음 주심에 감사하옵고

사랑의 주 예수 그리스도의 이름으로 기도드립니다.
아멘!

가정의 기도

가정을 만드신 주 하나님 우리 아버지!
주님의 아름다운 성호를 찬양합니다.

사랑의 주 하나님!
원하옵기는 우리 가정이 주 안에서
아침에는 찬송으로 출발하고
낮에는 감사로 즐겁게 일하며
저녁에는 기도로 안식하는
가정천국 이루게 하옵소서

위로는 믿음으로 하나님을 경외하고
땅에서는 사랑으로 부모님께 효도하며
우리 부부 주 안에서 서로 돕고 사랑하며
아래로는 자녀 손들
종려나무처럼 바르고 곧게 자라며
백향목처럼 아름답고 지혜롭게 피어나며
감람나무처럼 우거지고 번성하게
하옵소서.

은혜와 사랑이 풍성하신 주 하나님!
우리 가정에 사랑과 감사와 평화와
찬양이 늘 흘러 넘치고
밤낮 웃음꽃이 만발한
작은 천국 이루어지게 도와 주옵소서.

주님이 다 응답해 주실 줄 믿사옵고

가정의 주인 되시는 우리 주 예수 그리스도의 이름으로 기도드립니다. 아멘!

가정 예배 기도

"여호와께서 집을 세우지 아니하면 세우는 자의 수고가 헛되며" 아멘

가정을 세우시고 지키시는 주 하나님 아버지!
우리 가정을 지금까지 눈동자처럼 지키시고 보호해 주심을 감사 찬송합니다. 주님의 은혜로 우리 온 가정이 하나님을 사랑하고 서로 사랑하며 날마다 온 식구 둘러 앉아 주님 앞에서 가정 예배로 아버지께 영광 돌리게 됨을 감사합니다.

은혜의 주님!
우리 가정 주 안에서 날마다 기쁜 찬송소리 감사 기도소리 즐거운 웃음소리 그치지 않고 가정 천국 이루기를 원합니다.

만복의 근원 주 하나님!
여호와를 경외하며 주님 계명 순종함을 기쁨으로 삼고 정직하고 의롭게 사는 사람은 그 당대와 후손이 복이 있으며 평강과 부귀영화를 누린다고 주님 약속 하셨사오니 우리 가정에 이런 은혜를 내려 주옵소서.

권능의 주님!
우리 가정을 통하여 그리스도의 향기가 나타나고 세상의 소금과 빛이 되며 주님의 이름이 영화롭게 되길 원합니다. 주여, 우리가정이 섬기는 교회에서 덕을 나타내고 주님의 사자에게 위로와 힘이 되게 하옵소서.

거룩하신 주 하나님!
우리 온 가정 식구가 말씀과 성령 안에서 기도하고 날마다 평안과 기쁨이 넘치게 하시고 간악한 사탄 마귀 틈타지 못하도록 주야로 천군천사가 지켜 주시며 모든 출입을 항상 빛으로 인도해 주시길 간구하옵고

가정의 주인이신 주 예수 그리스도의 이름으로 기도드립니다.
아멘!

신앙타락 후 반항하는 자녀를 위한 기도

"자녀들아 너희 부모님께 주 안에서 순종하라" 아멘

사랑과 자비가 풍성하신 주 하나님 아버지!
허물과 죄로 죽은 우리를 예수 그리스도의 십자가 보혈로 속죄 구원하시고 새 생명 주심을 감사 찬송합니다.

하오나 우리가 주님의 뜻을 거역하고 육신의 소욕을 따라 제 멋대로 살아온 모든 죄를 눈물로 회개하오니 주님 용서하여 주옵소서.

자비로우신 주 하나님!
부모된 자로서 자녀를 바르게 교육하지 못했고 신행의 본이 되지 못했음을 고백하오며 주님 앞에 송구스럽고 사람들 앞에 심히 부끄럽습니다.

은혜의 주님!
주님 앞에 무릎 꿇고 간구하오니 사랑하는 제 아들(딸) ○○○을 위로해 주시고 성령으로 그 마음을 돌이켜 주옵소서. 유년주일학교 때부터 교회에서 자라며 신앙생활하고 학교에서도 모범생이던 제 아들(딸)이 교회 안에 우리 어른들의 위선과 오만과 이중생활에 회의를 느끼고 또한 세상 친구와 사탄문화에 미혹되어 주님을 떠나 영적 흑암 속에서 부모에게 반항하고 탕자처럼 방황하고 있습니다. 주님 제 자녀의 타락을 보고 어찌 할 수 없는 이 못난 부모는 가슴이 쓰리고 아파서 안타깝고 답답합니다.

거룩하신 보혜사 성령님!
제 아들(딸)의 영적 회의와 방황이 그치게 하옵소서. 부정적 생각을 바꾸어 살아계신 주 하나님을 만나게 하옵소서. 주님의 깊은 사랑과 그 크신 은혜를 깨닫고 긍정적인 생각으로 변하여 새 사람 되게 주님 도와주실 줄 믿고 주여 감사합니다.

소망의 하나님!
부모된 저희를 징계하시고 제 아들(딸)을 영적으로 회복시켜 주님의 은혜를 아는 자식이 되게 하옵소서. 저희가 먼저 주 하나님 앞에 겸손하게 순종 충성하며 자녀 앞에 신행의 본을 보이겠사오니 주님 불쌍히 보시고 저희 가정을 고쳐 주옵소서. 믿사옵고

능력의 주 예수 그리스도의 이름으로 기도드립니다. 아멘!

치유 축사 기도

전능하시고 신실하신 아버지 하나님
주님의 높으신 이름을 찬양합니다.

각색 병자들과 귀신들린 사람들을
고쳐 주신 주님.
네 믿음이 너를 구원하였느니라는
말씀에 의지하여 구하오니
나의 병든 몸을 고쳐 주옵소서
주 하나님의 약속과 능력과
자비를 믿고 간구하오니
나의 영육을 치료하여 주옵소서.

평강의 주 하나님!
머리부터 발끝까지 성한 곳 없이
질병과 고통으로 만신창이가 된
이 몸의 뼈를 쑤시는 아픔과
쓰디 쓴 입맛과 잠 못 이루는 긴 긴 밤은
차라리 지옥의 터널입니다.
정녕 이것이 교만과 탐욕과 불순종의

죄에 대한 주님의 징계입니까?
아니면 사랑의 채찍입니까?

치료의 하나님 회복의 주님이시여!
의로운 해 치료의 광선을 비추사
이 병든 몸을 고쳐 주시면
평생을 주님 위해 살겠습니다.
자비로우신 주 하나님.
내 속에 완악하고 사특한 쓴 뿌리를
성령의 불로 다 태워 주옵소서
이 죄인 눈물로 회개하오니
주님 능력의 피 묻은 손으로 안수하시고
성령의 기름을 바르셔서
고쳐 주실 줄 믿고 감사 찬송합니다.

내가 주님 십자가 보혈과 부활의 능력을 힘입고
만병의 의사이신 주 예수 그리스도의
이름으로 명하노니
간악하고 더러운 귀신아 나가라
이 병마의 사탄아 물러가라
내가 부활의 주 예수 그리스도의 이름으로 명하노니
어두움의 영, 질병의 영, 고통의 영은
성령의 밧줄로 묶여 격파될지어다

질병의 저주에서 깨끗이 치료될지어다

저주의 사슬에서 해방될 지어다.
주님 고쳐 주심을 믿습니다. 할렐루야

능력의 주 여호와 하나님!
주 예수 그리스도의 이름으로 기도한 것과
또한 악령과 질병에 대하여 명한 것이
그대로 이루어 주실 줄 믿사옵고

평강의 주 예수 그리스도의
이름으로 기도드립니다. 아멘!

사랑의 기도

나의 생명주 하나님!
하나님은 사랑이십니다. 사랑은 빛이요 진리요 생명의 뿌리입니다. 사랑은 인생의 가장 귀한 향기입니다.

사랑은 아름답고 영원합니다. 사랑은 이해요 용서요 희생입니다. 사랑은 생명의 거룩한 의무요 특권입니다. 사랑은 은혜요 기쁨이요 평화입니다. 사랑은 진실이요 인내요 겸손입니다. 사랑은 십자가의 열매입니다. 사랑은 행복입니다. 사랑은 천국입니다.

나의 구주 나의 사랑 나의 하나님!
주님의 사랑은 성령의 기쁨이 샘솟는 우물입니다. 이 물을 마시는 사람마다 마음속에 기쁨과 평화와 행복이 꽃 피어 납니다.
주님께 바라옵기는 내 마음 속에 이 사랑의 우물이 내 온 영을 적시고 샘솟아 온 세상에 흘러 넘치길 원합니다.

온 땅에 사랑천국 감사천국 이루어지게 하옵소서

사랑의 주 예수 그리스도의 이름으로 기도드립니다. 아멘!

아침 기상시 하루를 시작하는 기도

"복 있는 사람은 악인의 꾀를 좇지 아니하며 죄인의 길에 서지
아니하며 오만한 자의 자리에 앉지 아니하고" 아멘

우리의 앉고 일어섬과 출입을 인도하시는 하나님 아버지!
밝은 소망의 새 아침을 주시오니 감사 찬양 합니다.

오늘도 주 성령님의 인도하심 따라 믿음과 소망과
사랑 가운데 주님 기뻐하시는 길로 행하게 하옵소서

주여!
'육신의 생각은 사망이요 영의 생각은 생명과 평안이라'
했사오니 오늘 하루도 이 종이 하나님중심 말씀중심
교회중심의 생활을 하도록 성령님께서
강권적으로 주장해 주시길 원합니다.

은혜의 주 하나님!
이 종이 오늘 맡은 바 사명에 최선을 다하고 충성하게 하옵소서.
무슨 일을 하든지 주님의 영광을 나타내게 하시고
영혼사랑 복음전도하여 뭇 심령을
구원의 길로 인도하길 원합니다.

주님께서 허락하신 오늘 하루 24시간을
실족지 않게 하시고 주님의 인도하심 따라
범사에 감사함으로 아름답고 즐겁게 살며
예수 열매 성령의 열매 풍성히 맺어
그리스도의 향기를 발하기 원하옵고

나의 힘이 되신 주 예수 그리스도의 이름으로 기도드립니다. 아멘!

하루 일과를 마친 후 취침 전 기도

"하나님을 가까이 함이 내게 복이라" 아멘

자비로우신 하나님 아버지!
오늘 하루도 주와 동행 승리하게 하심을 감사 찬양합니다.

오늘은 한번 가면 제 인생에 다시 오지 못하는데
오늘 마땅히 해야 할 일을 못다 한 것은 없습니까.
혹시라도 대인 관계에 있어서 무례하게 악하게
행동하지는 않았는지 남에게 피해를 주는 일은 없었는지
주님의 뜻을 어긴 일은 없었는지
제가 살펴 고칠 수 있도록
주여 깨달음과 회개의 영을 주옵소서.

은혜의 주 하나님!
저의 몸과 마음이 주님 사랑의 품속에서 편히 쉬게 하심을
감사하오며 모든 것을 주님께 맡기고 단잠을 자는 동안에
주님 손으로 어루만지사 하루의 모든 피로가
깨끗이 가시게 하시고 몸의 약한 부분은 치유하시며
새로운 삶의 에너지로 충전해 주실 줄 믿고
아이처럼 침상에 눕습니다.

주님!
꿈 속에서도 주님과 교통하길 사모하오며
신령한 계시를 깨닫고 저의 영이 깨끗케 되길 원하옵고

인애하신 주 예수 그리스도의 이름으로 기도합니다. 아멘!

기도는

성령께서 나에게 아버지의 뜻에 나의 뜻을 전적으로 굴복시키도록 가르쳐 주신다. 그분은 내 귀를 열어 아버지께서 날마다 말씀하시고 가르쳐 주시는 것들을 귀담아듣고, 잘 배우려는 태도로 기다리게 하신다. 또한 하나님의 뜻과 일치하는 것이 어떤 것인지 깨닫게 하신다. 그리고 하나님의 뜻에 전적으로 굴복하는 것이 어떻게 아버지의 요구하시는 것이 되고, 아들이 보인 모범이 되며, 영혼의 참된 복이 되는지를 알게 해 주신다. -앤드류 머레이

 **간절히 사무치는 사랑의 한마디 기도**

그러므로 내가 너희에게 말하노니 무엇이든지 기도하고 구하는 것은
받은 줄로 믿어라 그리하면, 너희에게 그대로 되리라
마가복음 11:24

1. 군 입대하는 아들을 위한 한 마디 기도

영광의 주 하나님. 대한의 남아로 태어나서 나라의 부름을 받고 국토방위 의무를 다 하고자 군에 입대하는 건강하고 늠름한 내 사랑하는 아들을 주님이 지켜 주시고 가는 곳곳마다 세상의 소금과 빛 되게 하시며 전우들 간에 복음 선교사로서의 사명과 열정을 갖게 하옵소서. 아멘!

2. 이제 갓 혼인한 신혼부부를 위한 한 마디 기도

주 하나님. 이 세상 32억 중 한 남자와 32억 중 한 여자가 주님의 선택 섭리 가운데 만나서 부부로 짝지어 한 몸 되어 한 평생 살 때에 100년이 하루 같이 매일이 첫날밤처럼 단 꿈과 무지개 빛 소망으로 이어지게 하옵소서. 아멘!

3. 주일 예배를 위한 한 마디 기도

사랑의 주 하나님. 우리가 오늘 주님의 날에 주님의 교회에 모여 주님의 선하심에 의지하여 성령 안에서 안식하며 주님을 경배하오니 주여 영광 받으소서. 아멘!

4. 신학교에 입학하는 청년을 위한 한 마디 기도

은혜의 주 아버지 하나님. 너무나 큰 주님의 사랑받고 빚진 죄인 되어 신학교 문 들어 섰으니 부디 복음의 폭탄 되어 마귀의 아성 격파하고 사랑에 불타는 구령 열정으로 땅 끝까지 그리스도의 피 묻은 십자가 부활의 복음을 전하는 사명자 되게 하옵소서. 아멘!

5. 국가 민족을 위한 한 마디 기도

전능하신 주 하나님. 국가 분단의 아픔 휴전선 장벽이 여리고 성처럼 무너지게 하시고, 우리 민족의 앞을 가로막는 죄악의 홍해가 갈라지는 기적을 이루게 하옵소서. 아멘!

6. 국회의원에 당선된 장로님을 위한 한 마디 기도

국가 민족의 흥망성쇠를 주관하시는 주 하나님 아버지. 민주 국가의 3권 중에서도 민의를 대변하고 행정, 사법권을 견제하며 나라의 기초를 세우는 입법기관인 국회의원이 된 우리 장로님이 위로는 하나님을 경외하고 나라 주인인 국민들을 사랑함으로 사리사욕 당리당략을 떠나서 부정부패를 척결하며 도둑 공화국이라는 오명을 씻고 세상을 바꾸는 신실한 청지기가 되도록 주여 붙잡아 주옵소서. 아멘!

7. 회개 기도와 찬양을 간구하는 한 마디 기도

우리의 기쁨이 되시는 주 하나님. 주님 앞에 회개의 눈물을 흘리는 사람에게 영육의 치유와 평강과 은혜의 단비를 내려주시고, 감사 찬양을 드리는 사람에게 하늘의 기쁨을 주옵소서. 아멘!

8. 빨래하는 여인을 보면서 한 마디 기도

성결의 주 하나님. 흐르는 계곡 물에 빨래하는 아름다운 여인이 온갖 묵은 때 묻은 옷을 맑은 물에 빨고 헹구어 깨끗이 씻어 내듯 내 마음 죄악의 묵은 때를 주님 보혈로 정하게 하옵소서. 아멘!

9. 성령의 임재를 구하는 한 마디 기도

주님. 오늘 여기에 성령으로 임하사 우리의 영의 귀를 열어 주심으로 주님의 음성을 듣게 하시고 우리 영의 눈을 뜨게 하셔서 복락의 천국을 보게 하시며 주님의 생수로 우리 영혼의 목마름을 시원하게 채워 주옵소서. 아멘!

10. 밥을 지을 때의 한 마디 기도

때를 따라 일용할 양식을 주시는 주 하나님.

이 시간 우리 가족을 위해 밥을 지을 수 있는 은혜 주심을 감사하오며, 이 음식으로 우리 온 식구가 더욱 건강하고 화평하며 영의 양식인 주님 말씀으로 우리의 영이 성령 충만, 기쁨 충만하여 심령천국 가정천국 이루게 하옵소서. 아멘!

11. 영육강건을 위한 한 마디 기도

임마누엘 주 하나님. 주님의 능력의 손으로 우리의 병든 몸과 마음을 치유하시고 영육이 강건하여 주님의 일을 힘차게 감당하길 원합니다. 아멘!

12. 대 소변을 보면서 한 마디 기도

우리를 눈동자처럼 지키시는 주 하나님. 아침에 잠자리에 일어나 변기에 편히 앉아 시원스레 쾌변으로 방출하는 은혜 주신 주님께 감사하오며 내 심령 속에 쌓인 더럽고 추악한 죄를 지체 없이 회개함으로 씻어내게 하옵소서. 아멘!

13. 교통사고로 한 쪽 다리를 잃은 교우를 위한 한 마디 기도

소망의 주 하나님. 불의의 교통사고로 왼쪽 다리를 잃은 사랑하는 교우를 주님 위로해 주시고 그가 건강한 한 다리와 의족으로 불편하지만 걸을 수 있음을 감사하면서 주님을 의지하는 믿음으로 굳세게 자신의 앞길을 열어 나갈 수 있는 용기와 능력을 주옵소서. 아멘!

14. 기쁨과 평화를 간구하는 한 마디 기도

평강의 주 하나님. 오늘 성령님 안에서 우리 교회 목사님을 중심으로 온 교우들이 믿음과 사랑과 소망 중에 하나 되어 늘 감사와 기쁨과 평화가 넘치게 하옵소서. 아멘!

15. 기도 응답을 구하는 한 마디 기도

주님 앞에 이 죄인이 소리 높여 부르짖어 기도하오니 주여 귀 기울여 응답해 주실 줄을 믿고 감사합니다. 아멘!

16. 그리스도 신앙의 낙심자를 위한 한 마디 기도

우리의 길이요 진리요 생명이신 주 하나님. 세상 고해의 풍파에서 믿음의 파선을 당하여 표류하는 난파선이 된 이 젊은이를 주님이 붙잡아 주시고 우리 생명의 구조선이요 키가 되시는 예수 그리스도를 믿음으로 복된 삶과 구원 천국영생을 누리게 하옵소서. 아멘!

17. 남편을 여읜 30대 여자를 위한 한 마디 기도

소망의 주 하나님. 백년가약을 다짐하고 혼인한지 불과 2년 만에 자기 삶과 운명을 다 맡기고 의지하던 남편을 갑자기 잃은 아내는 몸 가눌 길 없사오니 주여 이 여인을 붙드시고 주님의 평안을 주시고 천국 소망과 용기로 다시 일어서게 도와 주옵소서. 아멘!

18. 아내를 여읜 40대 남자를 위한 한 마디 기도

은혜의 주 하나님. 그토록 사랑하고 아끼던 아내를 잃고 열 살 난 딸아이를 붙들고 통곡하는 남편에게 위로의 성령님께서 이 두 부녀를 붙잡아 주시고 그 텅빈 가슴을 주님의 소망과 믿음과 사랑으로 채우사 새로운 앞길을 열어갈 수 있는 힘과 지혜를 주옵소서. 아멘!

19. 임종을 앞둔 어머니 앞에서 한 마디 기도

자비로우신 주 하나님. 이 세상에서 나를 가장 사랑하시고 당신의 몸보다 아들을 더 아끼시며 매일 눈물로 기도하시는 우리 어머니, 이 불효자식이 은혜 갚을 기회도 주시지 않고 모진 질병으로 지금 기어코 가시렵니까? 주여 아멘!

20. 말기 암으로 신음하는 친구를 위한 한 마디 기도

고통 하는 사람에게 긍휼을 베푸시는 주 하나님. 40대 초반 건장한 체력의 한 창 일할 나이에 갑작스레 말기암으로 무참하게 무너져 가는 친구를 차마 볼 수 없어 간구하오니 주님의 능력으로 그 병마의 고통과 정신적 절망에서 구원해 주옵소서. 아멘!

21. 일곱 살의 외아들을 잃은 홀어머니를 위한 한 마디 기도

사랑과 위로의 주 하나님. 쥐면 꺼질까 불면 날아갈까 애지중지 눈에 넣어도 아프지 않을 사랑하는 일곱 살 외아들의 갑작스런 죽음 앞에 목이 메도록 통곡하다가 실신한 어머니는 마침내 아들을 가슴에 묻고 쓰린 가슴을 쥐어짜며 쓰디 쓴 눈물 삼키오니 주 성령님 평안과 소망을 주셔서 새힘으로 일어나게 도와 주옵소서. 아멘!

일년 열 두달 월별 기도

"여호와는 나의 목자시니 내가 부족함이 없으리로다" 아멘

1월

주여! 새해 첫달 새아침 원단을 열어 주심을 감사찬양합니다. 올해는 힘을 다해 주님 사랑하길 원합니다. 아멘

2월

주여! 2월에는 복음 순종 준행함으로 경건의 열매가 풍성하고 주님을 영화롭게 하는 삶이 되게 하옵소서. 아멘

3월

주여! 얼었던 땅이 녹고 초목이 움터 나오는 3월. 만물이 약동하는 초봄에 우리의 영혼도 소성하게 하옵소서. 아멘

4월

주여! 봄이 무르익은 4월. 우리의 삶이 부활 신앙으로 새롭고 성령충만 기쁨충만 능력충만하게 하옵소서. 아멘

5월

주여! 5월의 맑은 태양 빛에 짙푸른 숲이 우거지고 아름다울 때 우리의 심령이 강건해 지길 원합니다 . 아멘.

6월
주여! 어느 덧 6월입니다. 인생성공이란 자기의 가치 있는 목표의 달성을 위해 최선을 다해 노력하는 과정임을 믿습니다. 아멘.

7월
주여! 어느 덧 금년도 반이 지나 7월입니다. 마음과 정성을 다하고 목숨을 다해 주 하나님을 사랑하고 이웃을 사랑하길 원합니다. 아멘

8월
주여! 태양이 작열하는 정열의 계절 8월에 성령안에서 더욱 깨어 기도하며 세상, 정욕, 사탄마귀를 이기게 하옵소서. 아멘

9월
주여! 9월은 모든 곡식과 과일이 영글어 가는 것처럼 우리의 믿음과 영성이 곱게 자라고 영글어 가길 원합니다. 아멘.

10월
주여! 10월에 아름답게 익은 과일 향기 진동하는데 우리 신앙 인격이 예수 열매 샤론의 향기 풍기게 하옵소서. 아멘

11월
주여! 오곡백과 거두어 들이는 추수의 계절 11월에 우리 영혼 알곡되어 천국 곳간 들어가길 원합니다. 아멘.

12월

주여! 한 해가 저무는 12월. 우리의 인생과 사명의 흑자 결산으로 주님의 칭찬과 상받기 원합니다. 아멘

천지만물과 인류역사를 주관하시는 주 예수 그리스도의 이름으로 기도합니다. 아멘!